「学校」を ハックする

大変な教師の仕事を変える10の方法

マーク・バーンズ、ジェニファー・ゴンザレス
小岩井僚・吉田新一郎 訳

HACKING

新評論

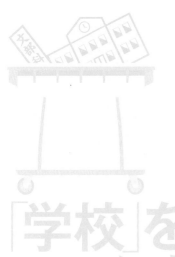

訳者まえがき

　教師には多くの仕事が与えられており、生徒と向き合う時間をつくり出すこと、そして授業準備のために自らが学ぶ時間をつくり出すことも困難になっています。長きにわたってこれらのことが言われ続けているのにもかかわらず、教師の仕事量は増える一方となっています。世間では「働き方改革」が叫ばれているわけですが、改善される気配はいっこうに感じられません。

　多くの企業では、さまざまなテクノロジーを利用することで作業能率を上げたり、より良い仕事ができるように工夫がなされています。ところが、教育の世界では、利用できるテクノロジーですら予算の都合などでいまだに利用できなかったり、あまりにもリスクを考えすぎてその効果を認めつつも利用に制限をかけていたり、さらには、利用可能となっても既存のルールから抜け出せないために利用しようという姿勢が見られなかったりしています。

　今までどおりの仕事をしていては、生徒(1)と向き合ったり、本を読んだり、授業をさらによくするために同僚と真剣なやり取りをしたり、そしてリラックスするための時間を確保するといったた

(1)　本書では、児童、生徒、学習者、子どもは、基本的に「生徒」で統一します。

より良い教育を行うために必要とされる時間を生み出すことは困難です。

本書では、既存のものに、テクノロジーや校舎内に眠っているものや場所などといった現在利用可能なものを組み合わせることで、やらなければならないことをより効率的に行えるようにしたり、今まで行ってきたことに少しの工夫を加えてより意味のあるものに変えるためのアイディアとなる「一〇のハック」を紹介していきます。ハックのなかには、これまでの考え方を大きく転換しなければならないものがあるかもしれません。しかし、社会が変化するに従って、教育も同じように変化していくことが求められていますので、その変化を受け入れながら最善策をつくり出していく必要があります。

確かに、本書は海外における実践を紹介するものであり、教師のなかには、日本と海外ではシステムも状況も大きく異なっているために参考にならないと考える人もいることでしょう。しかし、新型コロナウィルスの世界的な流行によって全国で休校となった際、オンライン授業に関する情報の多くは海外のほうが充実したものとなっていましたし、参考になる方法がはるかにたくさんありました。

日本では、オンラインによる授業方法、たとえばグーグル関連のツール紹介などといった多くの動画が休校措置の直後に作成されましたが、海外では数年前につくられており、その内容・質ともに非常によいものとなっていたのです。常に新しいものを使おうとしている現場に学び、より広い視点で社会を見ることを続けなければ、閉塞感が漂う日本の教育現状を変えることは困難と言えます。

ちなみに、共訳者である私たち二人は、本書を訳す際に一度も会うことなく、オンラインのツールを活用したやり取りを行って翻訳を完成させました。重要なことは、互いの考え方をしっかり理解することであって、「必ずしも会う必要はない」と、この翻訳プロジェクトを開始するときに確認しています(2)。

私の職場では、同じ科目を担当する教師でグループをつくり、グーグル・ドライブを共有して、各自で時間を見つけては次年度に向けたアイディアを出したり、期限を決めてコメントをするなどし、対面での会議数を最低限にして準備をするようになっています（本書に書かれている「ハック1」をすでに訳していたので、今年の二月に実施していました）。このため、新型コロナウイルスの影響による休校や在宅勤務となった際も、何の問題もなく教師同士のやり取りは継続されました。

（2）　これには秘密があります。単に確認しただけではありません。その前段として、オンラインでのブッククラブをしていたので、互いの考えが本を読むことを通してかなり明確に分かっていました。ひょっとしたら、対面で何度も会うこと以上に理解をもたらしてくれていたと思います。興味のある方は、『読書がさらに楽しくなるブッククラブ』をご覧ください。

また、生徒とのやり取りにもグーグル・クラスルームを用いましたが、それまで教師同士で行ってきた経験があったためにこちらも問題なく運用することができましたし、計画していたことのほとんどすべてを問題なく行うことができました。

現在、職場において、本書に書かれているハックの考え方を少しずつ広めています。何か新しいことに挑戦する際には周知するようにして、いつでも見に来てもらえるようにしたり、ほかの授業での様子を知りたくなったときには、担当者同士でお互いの授業をのぞきに行ったりもしています（「ハック2」の考え方です）。さらに、司書と相談して、昇降口のホール部分に出張図書館を設置して、本に触れる機会を増やせるようにとも考えています（「ハック8」を参考にしています）。

そして、限定的な公開ではありますが、ブログを使って授業の振り返りを行うことを計画しています。このブログは、共通のコースに在籍している複数学年が使用するもので、生徒同士の交流をはじめとして、担当教師同士の授業風景を公開して、お互いに知ることを目的にしています。もちろん、保護者にも公開する機会を限定的につくって、学校での生徒の様子を知ってもらおうとも考えています（「ハック9」の考え方を参考にしています）。

本書の考え方を用いることで、できることの幅が広がっていきます。教師のつながり、教師と生徒、生徒同士、さらには保護者ともつながることができます。また、地域とのつながり、地域を超えたつながりにも目を向けることができます。これまでどおりではなく、挑戦し続けることによって新たな学びが多くの学校でつくり出されることを願っています。本書を読むことで、その一歩が踏み出せるはずです。

最後になりましたが、粗訳の段階で目を通し、貴重なフィードバックをしていただいた、河北光弘さん、北岡和樹さん、芝健司さん、山口美穂さん、そして本書の企画を快く受け入れていただき、最善の形で日本の読者に読んでもらえるようにしてくれた武市一幸さんはじめ株式会社新評論のスタッフ・関係者に感謝します。

二〇二〇年九月

小岩井僚

ハック・シリーズについて

ハッカーたちは、世の中を当たり前であると考えない。彼らはおかしいと思った部分を壊し、つくり直している。（サラ・レイシー［Sarah Lacy］作家／ジャーナリスト）

ハッカーはプログラム可能なシステムを検証し、違うものにつくり替えていきます。もちろん、その多くがより良いものになっています。ハッカーはパソコンマニアとして知られており、アプリやアルゴリズム（問題解決のための方法や手順）を、その製作者たちが思ってもみなかったものにしていきます。

今日では、ハッカーのすることはそれだけに留まっていません。彼らは、テクノロジー以外のものへも手を伸ばしています。彼らは試行錯誤を繰り返す人であり、修理人でもあるのです。彼らは、誰もが思いつかない解決策を提示します。スティーブ・ジョブズ（Steven Paul "Steve" Jobs, 1955~2011）やマーク・ザッカーバーグ（Mark Elliot Zuckerberg）は、テクノロジー界のもっとも優秀なハッカーと呼ぶことができるでしょう。

誰も、彼らにコンピューターのシステム（オペレーティング・システム）をどのようにつくり上げるかや、ソーシャル・ネットワークについて教えたことはありません。しかし、彼らは、誰もが気づかなかった可能性を見いだしたのです。

本書を含む「ハック・シリーズ」は、ジョブズやザッカーバークのように異なる視点をもつ人々が書いた教育書のシリーズです。彼らは、教師であり、研究者であり、コンサルタントです。また、管理職であったり、教授であったり、各分野の専門家であったりもします。彼らは、すでにある課題に対する解決法をより良くしよう、つまりハックしようとしています。それらの課題を、逆さまの視点から見たり、まったく違った視点から考えようとしているのです。

解決法は、思いもかけないところから現れるものです。しかし、ハッカーにとっては、それらの解決法は当たり前のように見え、少しハックするだけで、それまで課題とされていたものが素晴らしいデザインのスマートフォンや強力なソーシャル・ネットワークのようなものに変身するのです。

二〇一四年、私は、学校の課題を簡単に解決できる三つのアイディアを思いつきました。それらにおいて必要だったことはハッカーの視点でした。課題について影響されておらず、課題に内在する問題を違ったところから見ることができる人の視点です。私は、課題とその簡単な解決法を書いた短い記事をブログに挙げました。その記事から思慮に富んだディスカションが巻き起こり、記事として取り上げたような課題のほかにも学校には似たようなことがあるため、一冊の本にまとめるだけの価値があるのではないかとある人が提案してくれました。その少しあと、三つだった課題が一〇個になりました。それらの課題が必要としたことは、それらを書き出す紙面（媒体）とハッカーの手際のよさだけでした。

私はジェニファー・ゴンザレスという優秀な教育者と協力して、すぐに一〇個のハックの「目次」と「概要」をつくり上げました。そして、数か月後、私たちは本書を完成させたのです。つまり、「ハック・シリーズ」の最初の一冊です[3]。簡潔な解決法はより良い実践とコミュニケーションを生み、より優れた教師の成長と学びをもたらします。私たちは、これらのハックが学校を素晴らしい場所に変えると信じています。たとえ行政機関が教育を極めて難しいものにしてしまっている時代であっても、です。

一〇個のハックを開発するにあたって私たちは、本書で扱えなかったほかのたくさんの課題に関しても疑問を感じるようになりました。学校における多くの領域においてハックが必要とされています。教科書、生徒指導、情報リテラシー、学校図書館、学校の読み・書き文化、やる気のない学習者、特別支援教育、宿題、ＰＢＬ（プロジェクト学習／プロブレム学習）、教員養成、評価（成績）、リーダーシップ、教育設備など、挙げだしたら切りがありません。もし、教師、保護者、管理職、そして教育政策の立案者が、さまざまな課題に対する素晴らしいものの見方をハッカーがもっているということを知れば、ハッカーからの情報をもっと欲しがることでしょう。

「ハック・シリーズ」をぜひ読んでください。教育界で、また社会で学びを妨げている課題に対する解決法を示し続ける本となっています。

このシリーズは、それぞれの分野に情熱を注ぐ専門家たちによって書かれています。よくある教育書とは異なり、このシリーズに含まれている本は研究や統計については簡単に扱い、実際にそれらを経験した人たちの声を紹介しながら、読者にとって、すぐに役立つであろう実践的なアドバイスを重視しています。

私は、より良い教育に貢献する名高い教育者や講演家、よく考えて実践しているリーダーたちとともにハック・シリーズが出版できることを誇りにしています。私は、ハック・シリーズのすべての本が、パワフルな情報や想像力、魅力的な文章や実践的なアドバイス、そして多少のユーモアまで提供することを約束します。ハック・シリーズを読めば、これまでもてなかった解決策をあなたはもつことになるはずです。

マーク・バーンズ（Mark Barnes・元教師／作家／出版社代表／ハッカー）

（3）日本では、「教員研修」という言葉が使われるのに対して、英語では「professional development」ないし「professional learning」という言葉が使われます。主体者が誰か、それがどのように行われるかという点などで両者の違いは大きいと言えます。その結果、得られる学びも大きく異なってきます。

もくじ

ハック2

ハック3 教師の静寂エリア——喧騒から逃れ、静かに授業準備をする　45

ハック5

生徒によるメディア・サポートチーム
——生徒による簡易なICT問題の解決　77

ハック6 メンター・チーム——複数のメンターで若い教師を育てる　97

ハック7 授業内反転授業

——反転授業を授業内で行うことで難しさを乗り越える 115

ハック8

図書コーナー
――本を集めて学校全体で読むことに慣れ親しむ　135

ハック9
透明な教室——SNSで学びを見せる　153

ハック10 三六〇度の生徒情報
――多様な視点から生徒のデータを集める　173

「学校」をハックする——大変な教師の仕事を変える10の方法

プロローグ

ハッカーのアプローチ

古本、黒板、廊下の隅に置かれた使われていない備品の棚、安いノート、スマホなど、学校の日常における教師の持ち物はその力のすべてを発揮していません。[1]確かに、州において（日本の場合は国レベル）政策は変わっていますし、高価な新しいプログラムや教育委員会の取り組みが教師の仕事を大きく変えています。しかし、大変な仕事をより複雑にしているさまざまな課題を、これらの取り組みが解決してくれるのを待つ必要はありません。私たちの目の前にあるものをうまく使えば解決することができるのです。

本書では、学校における課題を解決する一〇の強力なアイディア（それを「ハック」と呼んでいます）を集めました。それぞれのハックは、すでにあるものを別の目的で使ったり、制度を再

（1）それをすればカリキュラムがすべてカバーできるというものです。ある意味では、日本では教科書がそれに当てはまります。

編成したり、課題に対する向き合い方を人々に再考するように促したりします。もちろんＩＣＴも使われますが、それがすべてではありません。紹介している四つのハックでは無料のＩＣＴを課題解決のために使用しますが、残りの六つではまったくＩＣＴを必要としません。よって、ＩＣＴに対するスキルレベルに関係なく、価値のあるものになっているはずです。

あなたはハッカー？

私たちが語りかけることになる「あなた」は、どのような人でしょうか？　どのような人が私たちの話を聞いてくれることになるのでしょうか？　本書が教育に関する課題解決を提示するものであるなら、管理職だけが読むべきものなのでしょうか？　そんなことはありません。

本書は、アイディアを集めただけではなく、「もはや教師は、誰かが解決方法を提示してくれるのを待つ時代にはいない」という考えをもとにしています。課題によっては、長期間にわたる会議やペーパーワークを必要とするかもしれません。ですが、本書で紹介するハックは誰にでもできるものなのです。あなたが管理職である必要はありません。むしろ管理職は、教師が実際に行ってみせるまで、どのような効果を発揮するのかと疑念をもったままかもしれません。

もし、新しいことに挑戦しようとしても周りにいる同僚が前向きに考えないようであれば、あなた自身でやってみてください。もし、管理職がクラウドを使って会議を行うことに乗り気でないなら、「ハック1」で紹介するように、あなたが計画運営できる会議をクラウドで行えないかと考えてみてください。もし、あなたの学校で「図書コーナー」（ハック8）に誰も興味をもたないなら、本棚をクラスに追加して、そこであなたの「図書コーナー」をはじめてみてください。本書で紹介するすべてのハックは、工夫すれば学校全体で取り組むことができるものですし、教師一人でも挑戦することが可能なものです。

ベータ版と繰り返しの重要性

本書で紹介するアイディアは、枠組みであって固定された処方箋ではありません。それらをもとにして改良され、みなさんの状況に合わせてつくり替えられていく柔軟なものです。これが、ハッカーたちが行っていることなのです。彼らは、一つのアイディアにほかのものを組み合わせて、確実な解決策が見つかるまで継続して課題に取り組みます。

ソフトウェア・エンジニアが新たなシステムを開発するとき、「ベータ段階」と呼ばれている段階を通ります。ベータ版(2)のソフトウェアは、すべての基本的なパーツをもち合わせたうえで、ユーザーに欠陥やバグがないかを確認してもらうために使ってもらうものです。ベータという考(3)

---

(2)　ベータ版とは、正式版を公開する前に何人かに試用してもらうサンプル版のことです。

えは、すべての新たなプログラムやツール、システムに適用されています。もちろん、あなたがハックをするときも同じです。実施するにあたって、完璧な機会を待ったり、すべてが完璧になるまで長時間続けられている研修会の終わりや準備ができるのを待つのではなく、まずはやってみてはどうでしょうか？　ベータ版として動きはじめ、何が起きるのかを確認してみてはどうでしょうか？

仮に課題が見つかったとしても、これはベータ版なんだということを忘れないようにしましょう。課題は学びを改善するための機会である、と捉える必要があります。

ベータ段階を終えたら、同じことをもう一度行いましょう。これが、ハックにおける第二のバージョンとなります。いくつかのバグが修正され、精錬された次のバージョンということです。反復試行のアプローチは、新しいことに取り組む際に教育現場で行われているやり方よりもはるかに優れています。(4)

教育現場では、一度は試してみるものの、うまくいかないと判断するとやめてしまうことが多いものです。そうではなく、繰り返しの必要性を理解し

> **繰り返しの必要性を理解して、あなたの必要としているものになるまで継続的に再検討し、修正を加えるべきです。**

て、あなたの必要としているものになるまで継続的に再検討し、修正を加えるべきなのです。

価値の創造によるハックの浸透促進

あなたの学校でハックを行う際、その価値を伝えることに少しでも時間を使えばアイディアは広まりやすくなります。「マルーン5」(5)が使ったコンサートのプロモーション活動や、マーサ・スチュワート(6)がつくった新しいテーブルリネンの包装と同じく、ハックの見せ方一つで周囲の注目を素早く得たり、好奇心をかき立てたりすることができます。

メンター・チームの先生たちは（ハック6）、マリーゴールドのフェルトを職員会議や行事で身につけるようにして、自身の価値をつくり上げていきました。また、オープンクラス・チャート（ハック2）でもパイナップルで価値を創造していました。どちらのハックも、このように価

---

(3)　英語の「虫」という意味ですが、それが転じてコンピュータープログラムの誤りや欠陥を表します。

(4)　この考え方をもとに実践が行われ、かつ書かれた本の例として、『あなたの授業が子どもと世界を変える』（とくに四八ページの図）を参照ください。

(5)　(Maroon5) カリフォルニア州ロサンゼルスで結成されたバンドです。全世界で一億枚以上をセールスしている「世界でもっとも売れたアーティスト」グループです。

(6)　(Martha Stewart) ニュージャージー州出身の実業家です。料理、園芸、手芸、室内装飾など生活全般を提案するライフコーディネーター／クリエイターで、関連書を多く出版しています。

値を創造しなくても目的を達したと考えられますが、ハックが必要とする持続性に関してはもち得なかったでしょう。

あなたが選んだハックにワクワクし、ほかの人にもあなたの想いを経験してもらいたいとしたら、名前をつけてみたり、スタートの期日を決めたりしてみましょう。また、そのアイディアが新しくてワクワクするものだと、どのようにしたら伝えられるのかと考えてみましょう。たとえば、ポスターやウェブページをデザインしたり、動画をつくったりするのです。あなたの活動が話題になれば、関係者はプロジェクトに価値を見いだすことになり、コミュニティーが形成されていきます。このような行為は、どこの学校においても重要なことなのです。

ハックはどこからもたらされたのか

いくつかのハックは教師としての経験からもたらされたものですが、私たちが収集したもののありますし、誰かが行っていると聞いたものもあります。それらはいずれも素晴らしく、読者と共有し、使えるようにしなければならないと思ったものばかりです。

すべての「新しい」アイディアと同じく、多くのハックは、みなさんが聞き慣れた考えの上に成り立っています。事実、あなたの周りの誰かが、本書で紹介するハックやそれに類するものをすでに行っているかもしれません。それでいいのです。私たちは、これらのハックの権利を主張するつもりはありません。アイディアが重要なのであって、それらは共有され、さらに改善が加えられるべきものなのです。

もし、新しいアイディアをみんなが知っても、そのアイディアをすでに知っている誰かに出くわすことを恐れて黙っているとしたら、せっかくのアイディアも広がることはありません。もし、マーク・ザッカーバーグがソーシャルメディアは新しくないと判断していたら（マイスペースを聞いたことがありませんか？）、フェイスブックは自撮りがたくさん集まったただのオンライン雑誌になっていたかもしれません。

あるアイディアに対して「どこも新しくない」と考える人が一人いるとしたら、そこには、そのアイディアを聞いたことがない人が一〇人いることになります。古いアイディアを新しく甦らせるのは、バリエーションであり、繰り返すことなのです。

どのハックがあなたに合っているのか

私たちの希望は、すべてのハックがあなたをワクワクさせ、夢中にさせ、エンパワーし、あなたの学校で何ができるのかについて見極めるための眼を開かせることです。私たちは、本書で取り上げる一〇のハックすべてが読者の意向に沿うことになるだろうとは思っていません。実際、たった一つのハックでも、あなたの学校において「どうにもならない」とされていた課題を解決することができればそれでいいと思っています。

理想としているのは次のようなことです。

ハックの一つがあなたを惹きつけ、本書を脇に置いて、あなたと同じようなハッカーのマインドをもった誰かに電話をしたり、Ｅメールを送ったりして、「どうしたらいいか分かったよ！」と言ってほしいのです。

本書に挙げているどのハックがそうなるでしょうか。それを知るための方法は一つしかありません。

ハック 1

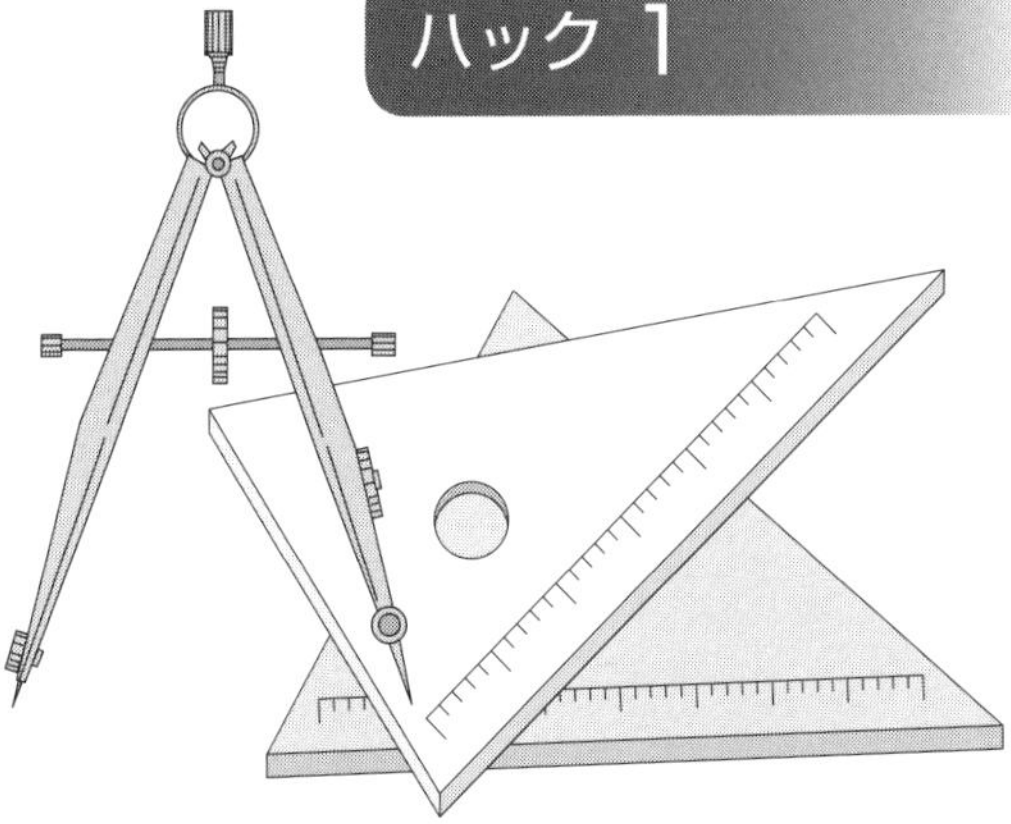

クラウド会議

会議をオンライン・ディスカションとクラウド・フォルダーに置き換える

時間はもっとも必要とするものだが、
もっとも無駄にするものでもある。

（ウィリアム・ペン）*

（＊）（William Penn, 1644～1718）イギリスの植民地だった現在のアメリカにフィラデルフィア市を建設し、ペンシルベニア州を整備した人物です。ペンが示した民主主義重視の考え方は、アメリカ合衆国憲法に影響を与えました。

問題――長時間の無駄な会議

時間、すべての教師がもっとも必要としているものです。しかも、教師における時間の必要性は年を追うごとに高まっています。指導計画の作成、生徒への効果的なフィードバック、新たな指導法に関する学び、同僚教師との協働、実践の振り返り、そして充実した仕事をするために自身の健康や家庭を大切にすることなど、効果的な教育に必要とされることができなくなっているのです。

多くの教師は、このような大切なことのために使える「自由な[1]」時間が会議によって奪われてしまっています。少し時間をとって、学校で行われている「会議」と呼ばれているものについて考えてみてください。以下がその例です。

- 職員会議
- 教科会義
- 学年会議
- 分掌会議
- 保護者面談

多くの学校では、最低でも週に二時間はこれらの会議に費やされています。そのうち、どのくらいの時間をあなたは、「無駄な時間を過ごしている」とか「この部分は聞く必要がなかった」と考えながら過ごしていますか？　すべての対面式の会議では、あなたとは関係のない連絡やトピックについてのディスカションが行われたり、ある人の長い話が終わるまで待つという時間が含まれています。加えて、遅れてくる人を待つ時間や、終わりかと思っていたときにはじまる会話に巻き込まれて、あなたは無駄な時間に対するイライラが募ることでしょう。

もし、必要な情報だけにアクセスでき、このような無駄な会議がなくなったとしたら、どれだけの時間を取り戻すことができるでしょうか？

ハック——会議をクラウドへ移す

データやドキュメントを保存するクラウドベース[2]のフォルダーをつくったり、オープンにディスカションができるオンラインのプラットフォームをつくったりすることで、効果的に対面の会

(1)　自由であるだけでなく、極めて大切かつ不可欠な時間です。

議を置き換えることができますし、無駄をなくすことができます。「削除する」というと少し誤解が生じるでしょう。なぜなら、「会議」は実際にはなくなりませんので。異なる環境で行えば、物理的な出席を必要としなくなるということです。それは次のように行われます。

　たとえば、あなたが次の会議を開くとしましょう。最初にすべきことは議題をまとめることです。コンピューターのデスクトップで行うのではなく、（グーグル・ドライブやドロップボックスなどの）クラウドの管理システムフォルダーを使って行ってみましょう。議題作成に協力してくれる人をこのフォルダーに招待し、コメントできるようにします。そして「会議」の予定日が近づくに従って、ほかの資料（その多くは、対面の会議におけるハンドアウトです）などもフォルダーに加えていきます。

　もし、参加者にウェブ上の記事や動画を見てもらいたい場合は、そのリンクを議題に貼り付けておきます。そして、意見交換を必要とする議題がある場合はそのことを明示しておきます。このようにして資料の準備がすべて整ったら全参加者にフォルダーのリンクを送り、準備した資料へのコメントや疑問・質問を書き込むための締め切り日を伝えます。

　以上の準備を終えたらオンラインのプラットフォームを設定し、すべての参加者が簡単に相互のやり取りができるようにします。まずは、全体に向けて目的や方針を示すことからクラウド会議をはじめてみましょう。

その後の数日間は、必要とされる分だけ参加者がフォルダーにアクセスし、資料の指示に従って、自身に課されたタスクを締め切り日までに行います。そして、ディスカションすべき議題に関しては、前述したように、テーマに応じて全体または小グループで話し合います（というか、実際は書く形でやり取りをします）。

締め切り日が来たら全員に対して、クラウド会議を通じて何が決まり、どのような資料がフォルダーに残されているのかを示してクラウド会議を閉じます。その方法は、たとえば次のようなものになります。

「とてもよい会議でした。生徒指導部は、週ごとに監督業務を行うことになりました。学期末に開催するお疲れさま会は一二月八日に行います。場所などの希望のある人は、フォルダー内のフォームに記入してください」

（2）アカウントを作成することで、オンライン上においてさまざまなものが使用できるようになるサービスのことです。例として、グーグル、マイクロソフト office365、Slack などが挙げられます。

ディスカションは、参加者全員でも行えますし、小さいグループをつくってより詳細な議題について話し合うこともできます。

図１－１　対面式からオンラインの会議へ

これまでの会議

話し合いは
すべての人が参加して、
同じ時に同じ場所で行われる。

1. 全員が集まる。
2. 議題と資料が配布される。
3. 開始の言葉と連絡事項が話される。
4. その他のプレゼンテーションが行われる。
5. 時間があれば、小グループでの話し合いも行われる。
6. 多数決または全員の合意で決定する。
7. 決定事項と今後のフォローアップ計画が確認される。
8. 閉会。

クラウド会議

参加者はそれぞれの場所で、
自分の時間の都合に合わせ、
必要に応じてやり取りに参加する。

フォルダー
（クラウド状に保管される）

・議題と資料がアップロードされる。
・動画や他の資料のリンクが貼られる。
・決定事項と今後のフォローアップ計画が確認される。

オンライン・
ディスカション・ツール

全体ディスカション
・開始と終了の案内
・全体ディスカション、多数決、合意形成

小グループチャット
・数人の参加者に関係する項目に関するディスカション

あなたが明日にでもできること

大きな会議をなくすことには時間がかかりますし、変化に慣れていくことにも時間が必要とされます。しかし、以下のような小さなことからはじめることができます。

議題の一つをクラウド会議へ移す――予定している小グループの会議で、議題の一つに関して、顔を合わせないでオンラインでやってみないかとメンバーに提案します。

システムを構築する――一つのオンライン・ディスカションのプラットフォームとクラウド・フォルダーを選び、メンバーにアカウントを設定してもらいます。

実施する――二つのものをフォルダーに入れましょう。①オンライン・ディスカションで話し合う必要のあるものの説明と、②話し合いに必要な資料です。オンライン上でのすべてのやり取りは、対面の会議が行われるまでに終える必要があります。ここでは、議題の一つだけをクラウドに移してみるということを忘れないでください。

振り返る――対面の会議では、クラウド会議はどうだったか、改善点はあるかについて話し合い、その結果を次回以降に活かします。

完全実施に向けての青写真

ステップ1 クラウド会議を説明する

教師の時間をつくり出したいとメンバーに説明し、クラウドを用いた学びや会議がいかに効果的かを伝えます。オンラインで会議をすませることは、これからの仕事の仕方を考えるときに必須事項となります。もし、抵抗された場合には、時間の節約が可能になることや、予定の自己管理がより容易になることを強調します。

ステップ2 クラウドを使ったやり取りに関する研修を行う

クラウドを使ったやり取りではクラウド上で情報が扱われることになりますので、話し合いへの積極的な参加を求めるために、全員がその使用方法を理解していることが非常に重要となります。あなたがどのようなツールを使うにしても、ユーチューブにはその使い方を説明している動画があふれています。それらのリンクをほかの教師と共有したり、ツールの使い方を実際に教えてくれる人を探しましょう。

そして、矛盾に思うかもしれませんが、会議中に会議をなくすといった提案をしてみてください。メンバーのことを考慮して、その議題を「出席の必要な最後の会議」と名づけ、クラウドを使った新たなツールの使い方に慣れてもらうための教員研修の場にしてしまうのです。

ステップ3　サブグループをつくる

職員会議における最大の問題は、全員に関係のある議題がほとんどないということです。クラウド会議で同じ過ちを犯してはいけません。改善されたクラウド会議は、ワクワクとした学びの源となるべきであり、不要な警戒心を巻き起こして、最終的に全員がやる気をなくしてしまうようなものであってはいけません。

クラウド・フォルダーに「全職員」をつくり、オンライン・ディスカション・ツールのなかに「全職員」用のチャットグループを作成します。さらに、サブグループ用のフォルダーを教科や分掌などに応じて作成します。つくれるフォルダーには際限がありません。議題は関係のあるサブグループにだけ割り当てるようにして、ほかの人がかかわらなくてもよい形をとります。

ステップ4　小さくはじめる

小さい規模で試してみることなく、いきなりすべての会議をクラウドへ移すというのは失敗のもとです。お試しとして、いくつかを移してみることをおすすめします。とくに対面では時間が無駄にかかっている会議を移してみましょう。そうすることで、徐々に全体をクラウドへ移していくことができるはずです。

変化を受け入れてもらう際の障害物を予測して、決して後退することがないように注意します。粘り強く、忍耐強く、前へ進めながら、対価として「時間」を手に入れることができると伝え続けましょう。(3)

ステップ5　オンライン・ディスカションを進行し、フォルダーは常に整理しておく

クラウド会議をはじめたら、手順がつくり上げられてしまう前に、進行役はオンライン・ディスカションを見ながら効果的で適切なやり取りが起きているかどうかを確認しなければなりません。ほかの人が個人的すぎると思うようなやり方をしていたり、必要以上の時間を費やしてしまうという人がいるものです。これらを逸脱行為として捉えず、効果的で適切な参加とはどのようなものかについて参加者に考えてもらうような進め方をしましょう。

同様に、フォルダーを常に整理しておくことが大切です。それは、各フォルダーの管理者を決めることで可能となります。管理者には、現在のテーマに関連のないものや不要なファイルの削除権、またあまり使われていない書類を移動させたり、どのようなものかがすぐに分かるよう書類へのラベルづけや整理したりする権限を与えます。古かったり、関係がなかったり、ひと目で

中身が分からないようなファイルがフォルダー内にあると、本当に必要なものを見つけるときに時間がかかってしまいます。参加者が効率的かつ効果的にクラウド上の会議に出席できるように、管理者は常に配慮しておく必要があります。

ステップ6　締め切りと責任を明確にする

参加者が、何をすべきか、いつまでに行われるべきかについて理解をしている場合、クラウドを使った会議への参加はとても効果的になります。議題を作成する際には、明確な指示をそれぞれに設けましょう。オンライン・ディスカションに投票や意見が必要であるならば、期限を設定します。サブグループにおいて議題に関する決定が必要な場合も、決定する期限を設定しておかなければなりません。

参加者が読むだけでよいという連絡事項であれば、それ以上は何もする必要がありません。ただし、すべての参加者が、今後はオンライン上に連絡事項が書かれることを了解しておく必要があります。

（3）このやり方だと、単に時間を手に入れられるだけでなく、相互の学びや決断における質の向上も得られるはずです。参加者が、対面の会議よりも言いたいことが言える（書きたいことが書ける）状況がつくられるからです。

課題を乗り越える

会議は学校運営において「なくてはならないもの」とされているため、一気に会議を減らそうとする提案に対して抵抗を感じてしまう人が出てくることでしょう。以下に、出てくる可能性のある反対意見と、それに対する回答を掲載しておきます。

反対意見1　参加しない人が出てくる

確かに、対面式の会議では、全員がその場にいるという確認が物理的に可能です。しかし、いったいどれだけ参加者が心底その会議に「参加」しているのでしょうか？　生徒の提出物の確認といった内職をしたり、LINEをしたり、メールをしたり、ＳＮＳを見たりしている人はいませんか？　あまり関係のない項目に関する会議に参加させられている人は、みんなに隠れて（あるいは見える形で？）その時間をうまく使っているものです。

一方、クラウドを使った会議においては、書類の提出やオンライン・ディスカッションへのコメントで一〇〇パーセントの人が参加していると確認することができます。二一ページの「ステップ6」ですすめたように、期限を決めたり、果たした責任に対してしっかり評価する／褒めることで、クラウド会議をさらに活発なものにすることができます。

反対意見2　直接、信頼関係を築く機会を失ってしまう

クラウドに会議を転換することの最大のメリットは、対面式の会議の時間をチームビルディングや協働の時間に使えるようになれるほか、楽しいものにすることができるということです。一時間の連絡とパワーポイントが続く会議が「放課後のお菓子」という三〇分になり、自分にとって重要な時間であると一人ひとりが捉えたり、業務上の功績を認めてもらえたりする時間になることを想像してください。

反対意見3　職員すべてがICTに精通していない

教員研修が適切に行われ、その後もサポートが行われれば大きな問題にはなりません。新しいことに挑戦するときの不安感を理解しましょう。心配事や不安感を受け入れてもらえると感じられれば、その人が一歩踏み出すことにつながります。本書で紹介されているアドバイスを受け入れ、ゆっくりと（しかも小さく）はじめることで周囲の人に、今とは異なる環境に身を置くことに慣れてもらうチャンスが生まれます。参加するためのディバイス、たとえばアプリを使うためのスマートフォンやタブレットを持たない人がいた場合は、必要なときだけ周りの人から一五分

程度借りてもらうようにしてください。または、学校の備品を会議のために貸し出すように依頼することもできるでしょう。

反対意見4　会わないといけないときもある

あなたが計画している会議を考えてみてください。議題を丁寧に見直してみましょう。そして自らに、次のように問いかけるのです。

・この議題のなかに、クラウドではどうしてもうまくいかないものがあるだろうか？
・ドロップボックス(4)やグーグル・ドライブのフォルダーには、物理的にアップロードできないものがあるだろうか？

ハックが実際に行われている事例

本書を著すにあたって使われた作業の流れは、実際に会うことなく、いかに協働(5)できるかということを示す素晴らしいモデルとなっています。本書を書く前に私たちは、Voxerを使って本書のコンセプトについて詳細な打ち合わせを行いました。子どもたちの課外活動が終えるのを待っている間や、家事をする合間、ガソリンが満タンになるのを待っているときを活用して、何週間にもわたるやり取りを行い、本書を書くためのアイディアを練り上げました。

各章を書きはじめるだけの準備ができたとき、グーグル・ドライブ内に共有されたフォルダーをつくり、非常に大雑把にブレインストーミング用のドキュメントを作成しました。各自のアイディアを書き、お互いにコメントを出し合ったのです。最終的に、そのドキュメントが目次となり、各章のために新たなドキュメントが作成されました。

私たちは章ごとに責任者を決め、必要に応じて相談を繰り返しました。マークが章の下書きを終えたときにジェニファーに対してVoxerのメッセージを送り、とくに注意をして見てほしい部分については印をつけて意見を求めました。

ジェニファーはドキュメントを閲覧し、コメントを余白に加えて、マークが改めて修正を行うための準備をしておきます。同様に、ジェニファーが異なる章の作業を進めているときや、当初の計画とは違う方向性を見いだしたときにも、彼女はVoxerのメッセージでマークと考えを共

(4)　実際に議決が必要なものはどのくらいあるでしょうか？　全体に報告して、全教職員の議決をとらなければならないという文化があるのかもしれません。実際に会うことなく報告したり、議決したりすることに挑戦してみませんか。

(5)　チャットや複数人でのボイスメールができるコミュニケーション・ツールで、LINEのような機能があります。

有し、お互いが納得してから作業に戻りました。

一方、本書のデザインについても会議を行う必要がありました。一度も会ったことのないデザイナーとの作業に際して、私たちはピンタレスト・ボード[6]を作成し、お互いに好きなイメージを貼り付けていきました。それらを見ることで、デザイナーは本のカバーデザインを考えていきます。Voxerで会話をしたり、ボードに貼ったイメージに対してコメントすることで、一度も会うことなく私たちは最終的なデザインを考えることができました。

これらのやり取りのほとんどは、それぞれの都合に合わせて行われました。ある人が午前七時にコメントしたとき、一五分後に返答がある場合もあれば、一時間後や二時間後に返答があることもありました。お互いのやり取りに対して、自分の都合のいい時間を見つけて反応をしていました。時には、偶然にも（約束して行う場合もありましたが）それぞれが机の前に座って同じドキュメントを開いていることや、スマートフォンを手にしてVoxerのやり取りをしていたこともあります。

このようなやり方は、二人が同じ部屋にいるような感覚になりますし、時にはそれ以上のものをもたらすこともあります。もし、一方が用事で席を外すような場合でも、Voxerを使えば会話を続けることができるのです。つまり、会議を持ち運ぶことができるということです。以前にもクラウドベースで協働したことがありますが、Voxerを使うことでより早く、効率よく仕事をこなすことができるのです。この点に関してはいつも驚いています。

オンライン・ディスカションと容易にアクセスできるクラウドのフォルダーを使用することで、対面式の会議を完全に置き換えることができます。忙しいにもかかわらず、教師や管理職には強固な協働が求められています。しかし、隣同士で座り続けることに必要以上の時間を費やしたくないと感じているあなたが一方にいます。そんなあなたにとっては、会議をクラウドへ移すことが大きなイノベーションとなるはずです。

（6）写真が共有できるウェブサイトで、好みの画像をまとめて管理することができます。

ハック2

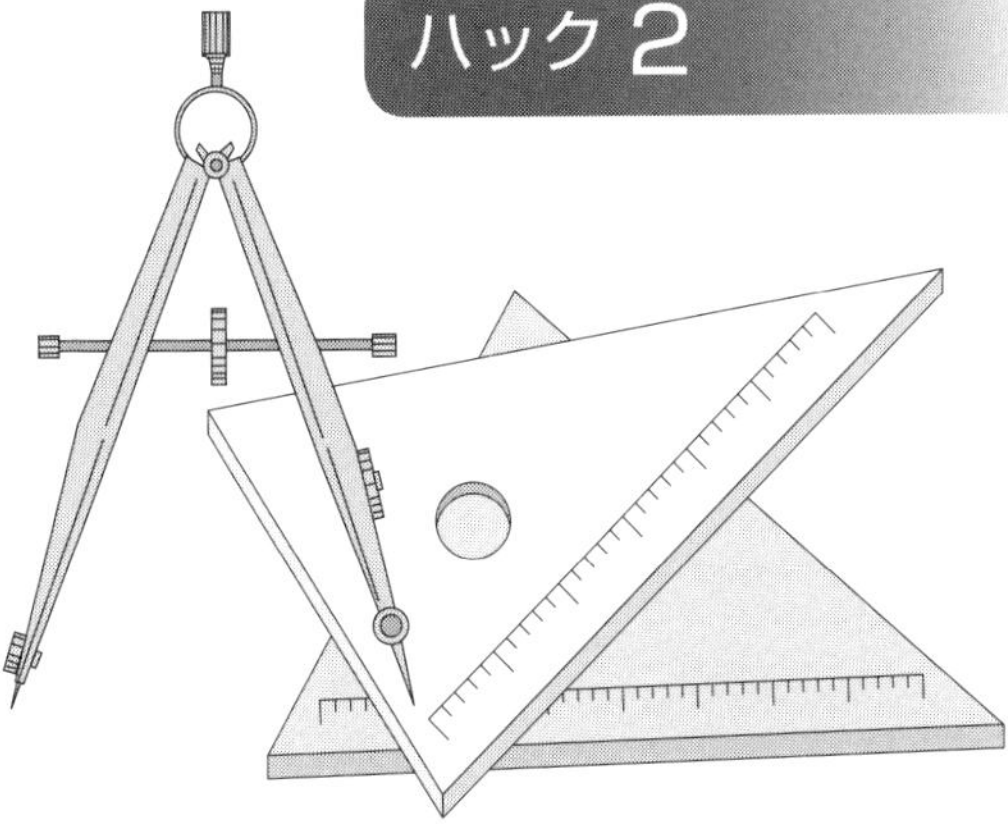

オープンクラス・チャート

見学可能な授業の一覧表で教師の協働を後押しする

一人でできることは少しだが、
協力すれば多くのことができる

（ヘレン・ケラー［Helen Adams Keller, 1880～1968］）

問題——ほとんど行われていない相互の授業見学

教師は常に、クラス運営や効率的な物事の進め方、指導法に関する課題の解決法となる新しいアイディアを求めています。そのため、「この概念を生徒に理解してもらうためにどうしたらいいのか考えなければならない」と言ったり、「このやり方を知っている人を探さなければならない」と思ったりしています。

プロの教師としての力量を高めるために時間とお金の不足が叫ばれていますが、もっとも貴重なものが無視されています。それは、近くにいる同僚です[1]。

ほかの教師の授業を見に行くことは何も新しいアイディアではありません。私たちが最初に学んだ方法であり、同僚が行っている授業から学んだことのない人を見つけるのは困難でしょう。お互いの授業を見るというのは、実践に対する新たな見方や新しい方法を学ぶもっとも簡単で早い方法であると同時に、お互いの信頼関係を築くことにもつながります。しかし、「いつでも見に来てください」と多くの教師が言ってくれていたとしても、残念ながら私たちはなかなか自分の教室から離れることができません。

一つの理由は、みんなが忙しいということです。時間に縛られていて、同僚がしていることを見学するだけの余分な時間をもち合わせていないのです。もう一つの理由は、「見返り」があるかどうかです。たとえ同僚が「いつでも見に来ていいですよ」と言っていたとしても、行こうと思った日にどのような授業をしているのか事前に知ることができません。結果的に、あまり意味のない授業を見学してしまったり、邪魔をしてはいけないときに遮《さえぎ》ってしまうということも起こりえるでしょう。さらには、校舎の一番遠いところまで行ってみたものの、行われていた授業内容がほとんど自分には関係のないものだと気づくこともあります。

もし、ひと目で同僚が何をしているのかが分かる掲示物があったらどうでしょうか。行ってみようと思ったときに何が行われているのかが分かれば、無駄足になることはありません。ちょっとした時間の余裕ができたとき、あなたにとって興味深い授業がどの教室で行われているのかが分かるという方法です。

（1）　翻訳協力者より、「プロの教師としてもっと互いに学び合い、尊敬しあえるような関係でありたい」というコメントがありました。まったく同感です。それが教科指導でどれだけつくれているかは大きな疑問ですし、そのための情報やサポートが欠落しているのも事実です。このコメントをテーマにして二〇一一年から出しているブログが「ＰＬＣ便り」ですので、ぜひ覗いてみてください。

ハック——オープンクラス・チャートを掲示する

パイナップルは伝統的な歓迎のシンボルです。玄関マットやドアにパイナップルがあるときは、「みなさんご自由にお入りください」というメッセージになります。(2) オープンクラス・チャートとは、同僚に対して「見る価値のある面白いことをやりますよ」と知らせ、いつでも見学可能というメッセージを「ウェルカムボード」に託してすべての教室に掲げることです。

オープンクラス・チャートは、ホワイトボードのようなものをカラーテープやマーカーで曜日と時間割を区切ってつくります。そして、職員のメールボックスやコピー機など、多くの人が使用する場所の近くに設置しておきます。

毎週、教師は、同僚が興味をもつような授業をこのチャートに書き込みます。これらは、新しい指導法に挑戦する場合や新しいＩＣＴの使用法、活発で創造的な生徒の学びが見られるであろうもの、もしくは興味深いテーマを扱うといったようなものでもいいでしょう。同僚の教師に対してインフォーマルな授業見学の一覧を提示して、興味のある教室への見学が自由にできると促すわけです。

オープンクラス・チャートにある授業はインフォーマルな授業見学が許されていますので、改めて許可を取る必要はありません。好きなだけクラスに滞在して、十分に見学したら教室を出てもよいのです。ひょっとしたら、数分だけということもあるでしょう。もちろん、見学のあとに書類を作成することも、事後の研究協議もありません。何が行われているのかを見学するだけです。

このシステムは、終わりのない学びの可能性を提供してくれます。教師は、同じ教科の授業を見学することで、自分の授業に取り入れることができるかもしれない指導法を学ぶことになります。また、ほかの教科やほかの学年を見学することで、教科や学年を越えての効果的なクラス運営や効率的な物事の進め方、指導法などについてのアイディアも学ぶことができます。

行われている授業に興味をもってしまい、教室内の席についてしまうという教師がいるかもしれません。「こんな授業だったら、高校生に戻って歴史の授業をもう一度受けたい」といった言葉を聞いたことがありませんか？　時には、授業者が新しいことに挑戦したり、問題であると考える生徒の行動に対して見学者に助言を求めることがあるかもしれません。ほかにも、仲のよい同僚が教えている様子を見たいという思いだけで授業見学が行われるかもしれません。同僚によ

(2)　本物のパイナップルではなくて、サインとして使っています。原書ではパイナップルの説明を使って「パイナップル・チャート」となっていますが、日本語訳としてはピンとこないので「オープンクラス・チャート」にしました。

表２－１　オープンクラス・チャートの例

	月	火	水	木	金
1		テイラー「互いに教え合う」（注1）			
2	ヒューズ「ソクラテス・サークル」（注2）			シルバ「iMovieを用いた動画編集」	シルバ「iMovieを用いた動画編集」
3		バスケス「エリス島におけるシミュレーション」（注3）	バスケス「エリス島におけるシミュレーション」		
4	ターナー「印象派」		ミラー「カエルの解剖」	ミラー「カエルの解剖」	
5				ウィルソン「心拍数測定」	
6	ロバートソン「ポエトリースラム」（注4）	パタル「カフートクイズ」（注5）	ロバートソン「『蠅の王』ディスカション」		
7		パタル「カフートクイズ」			

（注１）　一組４人のグループが一つのテキストを個別に読んで、その後でテキストについての話し合いをするという方法です。話し合いは、「要約する」「質問をする」「明らかにする」「予想する」という四つの方法に限定されています。詳しくは、『「学びの責任」は誰にあるのか』の145～150ページを参照ください。

（注２）　「ソクラテス・セミナー」とも言われるもので、生徒たちが輪になって行われる話し合い形式の授業です。http://innadeshikoway.com/?p=6513で、動画付きのやり方が説明されています。

（注３）　エリス島はニューヨークにあり、1892～1954年、ヨーロッパからの移民は必ずこの島から入国しました。移民たちによって「希望の島」または「嘆きの島」と呼ばれ、アメリカ人の５人に２人がエリス島を通ってきた移民を祖先にもつと言われています。そのことを題材にしたシミュレーションです。

（注４）　世界的な広まりを見せる詩の朗読競技会です。観客が各アーティストに点数をつけて順位を決めるエンタテインメント性の高いパフォーマンス・アートで、詩のスタイルとなっています。

（注５）　選択式のクイズがオンライン上で作成できるアプリです。

る見学は、教師同士のつながりを深めるよい機会になります。

さらによいことに、このシステムは一人ひとりのニーズに合わせることができるのです。言うまでもなく、一つのことを全員にやらせるような教員研修とはまったく逆のものとなります。週ごとに、教師はそれぞれが興味のある授業を見つけて、自分にとって何が必要かを考えて見学する授業を決めます。もし、数週間にわたって忙しい場合は授業見学に行くことはできないでしょう。しかし、時間の余裕ができたときや、時間をつくろうと思うほど面白そうな授業が行われるときには、オープンクラス・チャートを必要に応じて活用することができます。

オープンクラス・チャートと相互の授業見学にはもう一つの利点があります。教師が互いの教室に来るということは、協働や学び続けることの素晴らしい例を生徒に見せることになります。ほかの教師が来たときに生徒が「なぜ来たの？」と尋ねてくれれば、その理由を説明することで教師が常に一緒になって学び合っており、授業をより良いものに改善しようとしている姿勢を伝えることができます。これはまさに、教師が生徒に求めている姿ではないでしょうか。

> このシステムは、一人ひとりの教師のニーズに合わせることができます。これは、一つのことを全員にやらせるような教員研修とはまったく逆のものとなります。

あなたが明日にでもできること

自分たちで運営するオープンクラス・チャートは完成するまでに少し時間がかかることになりますが、以下のようにしてベータ版を行うことができます。

あなたのオープンクラス・チャートをつくる――ノートや模造紙、ホワイトボードなど、身の周りにあるものでチャートをつくり、多くの教師が通る場所に掲げます。

鍵となる質問をする――チャートの上部に、「あなたのクラスでは何をしていますか？　いつそれが起きていますか？」と書きます。

一人か二人の教師を誘う――彼らに、その日に教える何か興味深いことを書いてもらいます。テーマ、学習活動、指導方法などです。そして、何時間目に行うのかも書いてもらいます。あなたが教師なら、あなたが最初に書きましょう！

宣伝する――教職員メールや全体への連絡などで、チャートの存在と「〇〇先生が□□の授業を行います。自由に見学にいらしてください」ということを伝え、ほかの教師にも書き加えてもらうように促します。

完全実施に向けての青写真

ステップ１　お膳立てをする

教師たちに、チャートはどのようなプロセスで用いられるのかを説明します。説明は、管理職やそのポジションに近い教師から行われます。この取り組みは、公式の評価／昇給などに影響がある授業観察とは異なることを明確に伝えましょう。オープンクラス・チャートの要点は、教師全員がアイディアを共有し、協働を促すことです。

ステップ２　チャートをつくる

理想は、大きなホワイトボードを目立つ場所に掲げ、マーカーも準備されている状態です。縦枠は学校の授業数に合わせて分割し、横枠は曜日ごとに分割します。

ステップ３　最初の協力者を募る

このハックを機能させるためには、学校に熱心なチームが必要となります。まずは、二つのタイプの教師に協力を依頼しましょう。見学者が来ることを厭わず、何も書かれていなくても積極的にチャートを埋めてくれる人たちと、授業見学に行って、そのことを多くの同僚に話してくれる人たちです。これらの教師にこのハックを推進してもらうことになりますが、「チャートは誰でも活用していい」ということをほかの教師にも伝えておきます。

ステップ4 ほかの教師の参加を促す

スタート段階が落ち着いてきたら、次は徐々にほかの教師へ参加を促します。参加は完全に任意ですが、新しいことに挑戦しているという教師の存在を聞きつけたら、チャートに書き加えてもらうように促します。もし、一度も見学をしたことがない教師がいた場合は、その人が興味をもっていそうな授業を見つけて、「一緒に行かないか」と声をかけてみましょう。

ステップ5 肯定的なフィードバックができるようにする

見学後、建設的な振り返りをするための時間と場所を確保するようにしましょう。振り返りはさまざまな形式で行うことができます。職員会議の冒頭五分で、その週に見学した授業について印象に残っていることなどを共有してもらったり（あくまでも発言は強制せずに、言いたい人にしてもらいます）、オープンクラス・チャートの横に新たなボードを付け加えて、振り返りやコメントを書いたり、貼り付けたりできるようにすることも考えられます。

その具体的な例は次のようになります。

「ヘルディック先生の教室の、キュービズム（絵）はぜひ見に行くべきです。素晴らしいです！」

「今日のボーウェン先生のクラスで、生徒がカフート[(3)]を使っているのはとても面白かったです」

ＩＣＴに熱心な教師であれば、グーグル・ドキュメントのようなクラウド上で学んだことの振り返りを書くこともできます。また、「専門家データベース」のようなスプレッドシートをつくり、反転授業や協働学習のようなスキルを具体的にリスト化するとともに、その分野でうまく実践できている教師の名前を書けるようにするのもよいでしょう。

ステップ6　やる気を引き出す

教師にとって、参加の動機づけとなるものを考えてもいいでしょう。たとえば、授業見学をしたり、受け入れたりした教師に管理職が朝食の差し入れをしたり、地域にある商店のクーポンなどを配布してもらうことなどが考えられます。これらは、教師が継続的な学びを楽しくする素晴らしい方法と言えます。教師たちも楽しいほうがいいですよね。

（3）　三四ページの**表2－1**の注5を参照。

課題を乗り越える

オープンクラス・チャートを的確に活用するためには全員の参加が必要となります。何人かの教師は、そのために以下のような課題を乗り越える必要が生じるでしょう。

課題1　見られるのが恥ずかしい

それが普通の心理状態です。チャートに名前を書きたくない人がいたとしても、無理強いをしてはいけません。もし、強制的なものになってしまったら抵抗するでしょう。見られることは恥ずかしいと言う人でも、ほかの人の授業見学に行くことで多くのことが学べます。あなたが好意的なフィードバックをしたり、プログラムに対しての動機づけをすることで、多くの教師が授業見学に行くことによってメリットが多くなると理解するはずです。

課題2　面白いことは何もしていません

チャートには革新的な授業しか書いてはいけないというような印象をもち、何も書くことがないと思ってしまう人がいます。この段階では、協力者（サクラ！）に活躍してもらうことになります。最初、チャートに書く授業のうちのいくつかに、「どこにでもある平凡なもの」と思えるものをあえて書いてもらうのです。

どのようなものが誰の興味を引くかについては、誰にも分かりません。ローマ建築の基本的な授業が、美術教師にとっては興味のあるものかもしれません。または、きちんと整えられた教室の評判や規律をもたせるための創造的な方法が、あなたの教室を見学する理由かもしれません。授業のテーマは、教師が見学に行くための理由を与えているだけなのです。

課題３　やらなければならないことが増えました

そんなことはありません。オープンクラス・チャートへの参加は強制されるものではありません。楽しく、簡単で、自由参加です。見学したいと思わせるのは授業内容であり、管理職からの強制ではありません。

課題４　誰かの授業見学へ行って、自分に合わないとすぐに感じてしまったら？

見学は、最短で五分、最長は最後まで、ということを事前に明確にしておきます。また、すぐに教室から出たからといって悪い授業ではないということを事前に確認しておきましょう。たまたまその人の空き時間が少ししかないときもあるでしょうし、見学者が「関連性がない」と判断したただけの場合もあります。

Edcamp[4]などでは「アンカンファレンス[5]」という手法が用いられます。具体的には「二本足の掟[6]」という考えが共有されており、セッションが自分に合っていないと感じたらいつでも退出していいことになっています。参加者が退出することを個人攻撃と取らないように、セッションの主催者は「自らのエゴを部屋の入り口に置いてくるように」とされています。もし、最初の協力者が、「リラックスした入退場自由」といった雰囲気をつくることができれば、全体にその雰囲気が伝わります。

課題5 授業準備の時間を見学のために使うことができません

確かに、時間は不足しています。これが、見学を強制すべきではない理由の一つとなります。公式な授業観察ではなく、報告書を書く必要もありませんので、成績をつけたりしながらや、メールの返信をしながら見学をしてもいいのです。その教室にいるだけで多くのことが感じられるからです。また、非公式なものですから、何が行われているのかと注視する必要もありません。

要するに、新しいアイディアを得たり、ほかの人がどのように授業を行っているのか、また違った場面での生徒を見たり、同僚が行っていることに対して興味を示すというだけでいいのです。複数のことを同時に行うことで効果的になるのであれば、何をしながらでもいいのです。

ハックが実際に行われている事例

マサチューセッツ州ウーバーンにあるウーバーン・メモリアル高校の教師は、二〇一五年の春にオープンクラス・チャートを使いはじめました。「アイディアを共有しはじめてすぐ、先生たちの間に強い熱意がもたらされました」と、チャートを紹介した理科のアビー・モートン先生は言っています。チャートが掲示されたら、すぐに教師たちはお互いの教室を見に行くようになったのです。

ウーバーン高校での出来事は、オープンクラス・チャートが教科の枠を越えていけるという多くの可能性を示すことになりました。初めのころはＥＳＬ[7]の教師がモートン先生の教室を訪ね、

（4）参加者主導の教育カンファレンス／ミーティングです。 http://www.edcampjapan.org

（5）（Unconference）参加者主導の会議で、「オープンスペース・カンファレンス（Open Space Conference）」とも呼ばれます。

（6）（The Law of Two Feet）参加者は、そこで学ぶものがなく、貢献もできていないと感じたなら、席を立って二本の足でその場を離れ、二つの行為のどちらかができそうな別の場所を探す責任があるという意味です。

（7）（English as a Second Language）英語を第二言語として学ぶクラスのことです。

化学の授業を見学していました。「彼女の落ち着いたオープンな雰囲気の授業スタイルと、ディスカションに全員を招き入れている様子が印象に残りました」といった感想を見学した教師が残しています。異なる教科を担当しているわけですが、ＥＳＬの教師はいくつかのアイディアを教科の壁を越えて得たということです。

お互いに授業見学をするということは、教師の資質向上[(8)]においてとても効果的であり、行いやすいものの一つです。それぞれの予定に合わせて、各教師の興味にあった授業が容易に見つけられるオープンクラス・チャートによって、相互の授業見学が、誰にとっても、いつでもできるようになるのです。

（8）日本では、一般的に「教員研修」と言われており、講師がいることが当たり前という風潮があります。しかし、それは教師が資質向上を図れる多様な方法の一つにすぎません。多様な教師の資質向上＝研修方法については、『「学び」で組織は成長する』と『シンプルな方法で学校は変わる』を参照してください。

ハック3

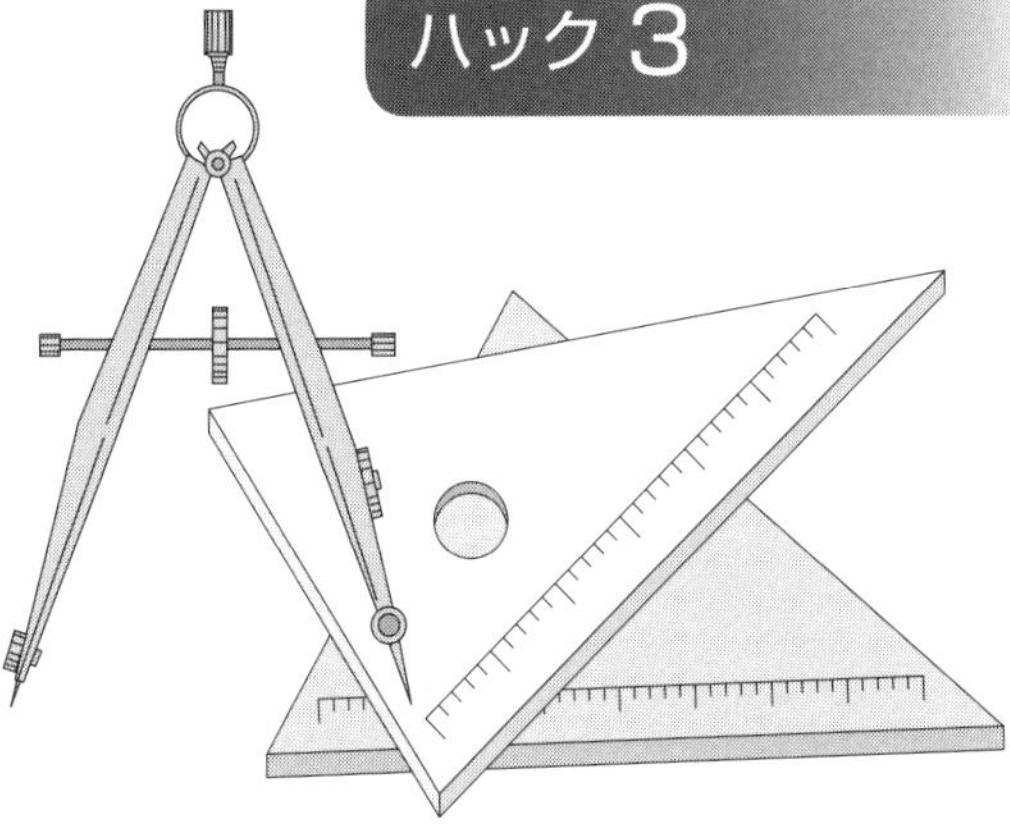

教師の静寂エリア

喧騒から逃れ、静かに授業準備をする

静かな人生の単調さと孤独感が、
創造力を生む。

（アルバート・アインシュタイン［Albert Einstein, 1879～1955］）

問題――避難場所がない

ドタバタと一日がすぎ、教師はたくさんの話し声と気が散る事柄に囲まれています。これは学校というものの特質であり、多少の喧騒は受け入れなければならないでしょう。とはいえ、教師の一日にも静かな時間は不可欠です。授業の準備をしたり、成績をつけたり、気を落ち着かせたりするためです。

実際、多くの教師には準備時間が一定程度割り当てられています。しかし、会議がその時間を奪い、騒音と気を散らすものが準備時間を奪い、さらに苦悩を与えるようになっています。すでにストレスのかかる仕事であるにもかかわらず、です。

週五日の勤務中、ちょっとした中断が準備時間を削っていくことになります。軽い挨拶をするために生徒が急に訪れたり、うまくいかなかった授業の愚痴を同僚がダラダラと言いながら横で過ごしていたり、事務連絡が行われたりすることによって深く考えたり、授業の準備をするための時間が奪い去られています。これらの厄介事が当たり前のようになり、授業の準備を空き時間にすることがあまり期待できない状態となっています。教師によっては、学校で終わらせることを諦めて、家に持ち帰っている人もいることでしょう。

誰も、このままでいいとは思っていません。準備時間がしっかりと確保されるようになれば、学校全体として作業効率が飛躍的に向上するはずです。教師が誰にも邪魔されることのない時間をもち、もっと効率よく仕事を行う方法はあるのでしょうか？

ハック――教師の静寂エリアの創造

どこの学校でも、教室や一つの区画を教師の「静寂エリア」として指定することができます。そこでは、「教師は邪魔をされることがない」というのが決まり事となります。

この静寂エリアを、修道院のような静かな空間に一人でいるときの状態だと考えてください。文字どおり、教師が学校の喧騒から逃れる場所となります。職員室などのように、普段教師が作業をする部屋とは異なり、静寂エリアは一つのコンセプトを大切にします。それは「完全な静寂」です。

そこへ行って教師は、教室や職員室などではできないような作業を邪魔されることなく集中して行います。熟考をしたり、本を読んだり、時にはゆっくりと落ち着いた時間を過ごすことになるかもしれません。静寂エリアは、静かで落ち着いた安息の地となるのです。

静寂エリアは、そのシンプルさから、もっともハックらしいハックと言えるかもしれません。必要とされるのは、ちょっとしたスペースと学校全体の了解だけです。

あなたが明日にでもできること

静寂エリアを永続的に維持するためには、創造力を発揮しながらマインドセットを変えてもらい、教師にも一人になる時間と場所が必要であるということを理解してもらう必要があります。あなたは、以下のようなステップを踏むことでその恩恵を提供することができます。

あなただけの場所を見つける——校舎の中で、基本的に誰も使わない場所を見つけます。あまり人の行かない倉庫、会議室、更衣室、空き教室、または決まった時間帯に使われることのない教室などです。

気の合う仲間を誘う——静寂エリアに興味をもちそうな数人の同僚を見つけます。Ｅメールやよく使われる職員の連絡用ツールを使って、一日だけ会議室Ｂ（あなたの選んだ場所）を静寂エリアとして、誰もが一人になれる場所として使えることを連絡するのです。もちろん、ほかの職員にも使ってもらうように誘います。ただし、会話は必ずそのエリアの外で行うようにしてもらいます。そして、一人になれる場所を求めている人たちに、このアイディアをどんどん売り込むのです。

試す――一日だけの、暫定的な静寂エリアを試してみます。ただし、「繰り返し」の重要性を忘れないでください。静寂エリアにうまく機能しない部分があったとしても、それはこのプロジェクトをやめなければならないということではありません。改善する必要があるということだと捉えましょう。

完全実施に向けての青写真

ステップ1　初期の協力者チームをつくる

何人かの同僚に声をかけ、静寂エリアの意図を話します。多くの人がこのようなものをずっと求めているはずですから、このアイディアを気に入ることでしょう。管理職の了解を得るのは、より多くの人を誘ってからにしたほうがいいでしょう[1]。

ステップ2　管理職もチームに入ってもらう

校長に話す前に、教頭や副校長などに話をもちかけてみましょう。教頭や副校長に話をしておけば、校長がこのようなイノベーションに対して余裕をもって考えられるときに伝えてもらえるという可能性が生まれます。提案する時期を間違えると優先順位が下がってしまうものです。静寂や深い思考／熟考は、教師が的確に仕事をするためには非常に重要であるということを強調しましょう。さもないと、仕事のストレスで押しつぶされてしまうと。

ステップ3　教師の静寂エリアのルールを定める

静寂エリアの場所を正式に決定する前にルールを設定することも重要です。ルールは具体的に設定し、模造紙などに大きく、明るく、そしてきれいな色使いでつくり、使用する人にははっきりと見える場所に設置します。以下に挙げたものはルールとしての例です。必要に応じてほかのルールを加えてください。

・静寂エリアは、静寂を必要とする教職員のためのものです。
・話したり、囁いたり、鼻歌を歌ったり、音として感じられるものは禁止です。もし、行おうとしている作業が音の出るものであれば、ほかの場所で行うようにしてください。
・携帯電話やスマートフォンなどはマナーモードに。

・静寂エリアは、交流目的では使用できません。話す必要があれば外で行ってください。
・生徒は静寂エリアに入ることはできません。

ステップ4　場所を見つける

静寂エリアとしての候補がいくつか見つかったら、その場所へ行き、適切かどうかを判断します。効果的な静寂エリアに必要なことは、以下に挙げる二つの要素だけです。

・最大で八人が快適に座れる席（多くの教師がいて、同時に利用することが予測できる場合は適切な数を確保する）。
・作業が可能となる一つか二つの広々とした机。

ミニマリストのアプローチを採用して、最小限のものを置くようにしましょう。静寂エリアでは、コンピューターやプリンター、コピー機なども必要ありません。ここは静かな仕事のみが行われる場所、ということを忘れないようにしましょう。デスクトップやプリンター、コピー機は

（1）もし、管理職がこのアイディアを実行に移すべきと考えたときは、このアイディアを必要だと思い、実際に動ける人に売り込んで、その人に動いてもらったほうが自分の異動後も定着する可能性が高いでしょう。

うるさいのです。電子機器が必要ならばタブレットやノートパソコンを利用し、プリントアウトやコピーはほかの場所で行うようにしましょう。

決まった場所が確保できなかったり、校舎が広くて教職員がたどり着くのに時間がかかりすぎる場合は、校舎内にいくつかのエリアを見つける必要があるかもしれません。決まった場所が確保できない場合は、スケジュールをつくって、決められた時間帯には静寂エリアとして使われていることを示すボードをその部屋に掲げるという方法も考えられます。

ステップ5 規則を守る

教会や図書館で「静かに！」と言われたことがありますか？ これは、多くの人にとっては思い出したくない経験でしょう。規則が明確であれば、それに逆らうことはできません。静寂エリアは、静かで平穏な場所として必要なときに使えると、教職員に対して何度も伝えましょう。

課題を乗り越える

静寂エリアを設置するときに唯一の障壁となるのは場所が足りないということですが、これについては、前述したようにどこの学校でも解決可能です。これ以外に、次のような反対意見が出てくることでしょう。

反対意見1 **静寂エリアは場所の無駄。教師は職員室で作業をすればよい**

職員室は人の行き来が多く、気の散ることがたくさんあります。三〇分間でも静かに作業のできた日はありましたか？　すべての教師にとって、忙しいなかでも振り返りをしたり、静かに熟考する時間を取ることができればストレスを回避することが可能です。職員室などとは異なり、静寂エリアが教師のストレスを減らしてくれるのです。

反対意見2 **時には話すことも必要だ**

静寂エリアでは話をやめましょう。静寂エリアの中で話す必要が出てきた場合は、一緒に外に出て話をすればいいのです。その場所と、そこにいる人への配慮となります。聖域のように扱う必要があります。

反対意見3 **重要な電話を取ることはどうなのか**

携帯やスマートフォンをマナーモードにしておくことは、守らなければならないルールです。

着信はバイブレーションとし、応答するのであれば静寂エリアの外に出る必要があります。

反対意見4　作業に必要なものから音が出てしまう

問題ありません。静寂エリア以外の、職員室などで行えばいいだけです。作業を静寂エリアで行うのは必要に応じてです。空き時間であれば、作業に必要な場所に行くことができるはずです。

反対意見5　管理職や事務職員が静寂エリアにいる教師に用事がある

ノックをしてその教師に合図を送り、対象者が出てくるまで静かに待てばよいのです。電話などを設置するのは避けましょう。

反対意見6　どのような教師が振り返りや静かな落ち着いた時間を必要としているのか

心身面での健康を大切にする人たちです。現在、燃え尽き症候群や極度の疲弊が深刻な問題となっています。しかし、少しの平穏さえあれば、錯乱状態になるような大変な仕事でも少しは楽になるものです。何が起きるかは誰にも分かりません。静寂エリアが、教師たちの成長を促すことになるかもしれません。(2)

ハックが実際に行われている事例

　オハイオ州リンドハーストのチャールズ・F・ブラッシュ高校では、静寂エリアと同じようなエリアが設けられています。完全に同じものではありませんが、その意図とルールは同じです。この小さなエリアは、あまり目立たないように図書館の中二階に設けられました。実際、多くの生徒がこの部屋の存在を知りません。静寂エリアとして最適の場所でした。

　教師たちは、読書をしたり、静寂のなかで作業を行ったりしています。「話すことは快く思われていない」と、この部屋をよく利用する教師が言っています。その場所の管理人のような役割を果たしている教師と図書館司書は、「成功の鍵は気持ちを整える効果があること」だと言っていました。

　教師は教室や職員室、廊下などの喧騒から逃れて、二〇分以内という一人の時間を有効に利用しています。そこで彼らは活力を得て、仕事へと戻っていくのです。

---

(2)　この点に関しては、内向的な生徒への対処法を扱っている『静かな子たち（仮題）』が参考になります。静かな空間や時間を求めるのは、子どもたちだけでなく、大人も同じであることが分かります。

時には、何もしないことが効率を上げ、やる気を高める一番の方法となります。一人で、誰にも邪魔をされない静寂です。ほかの業界で働く経験の豊かな専門家たちとは異なって、ドアのついたオフィスで集中し、ストレスから逃れ、仕事を終えることができるといった贅沢な環境が教師には提供されていません。教師用のオフィス棟を設けるだけの財源が確保できる学校はほとんどありません。そのため、静寂エリアが同じ役割を果たすことになるのです。

ハック4

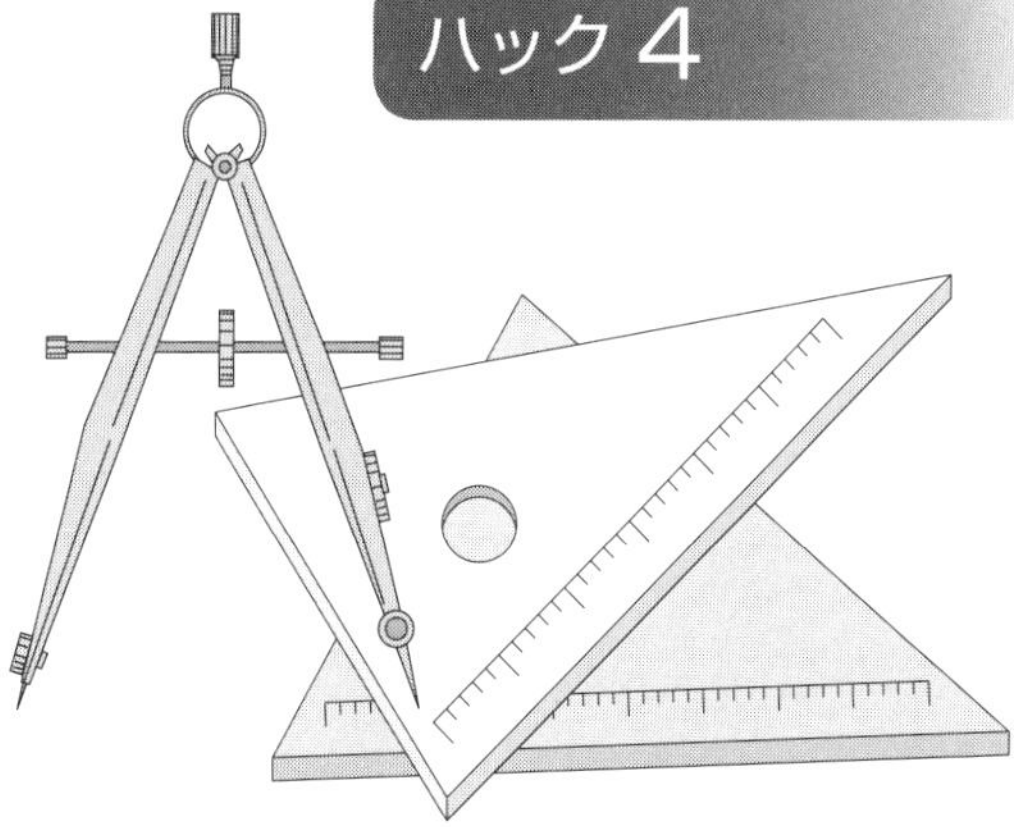

行動の記録

一冊のノートでクラス運営をスムーズにする

あなたの性格はあなたの選択である。
日々選択し、思考し、
行動することがあなたをつくり上げる。

（ヘラクレイトス）*

（＊）ギリシャの哲学者。BC540年頃～BC480年頃？

問題――小さな問題行動に対応しきれない

クラス運営は、教育におけるもっとも難しい事柄の一つです。生徒が活動に集中しなかったり、互いを尊重しなかったり、基本的な指示に従わなかったりする場合や、ほかの生徒の邪魔になる行動をしてしまう場合、教師はその対応に追われることになり、できることがかぎられてしまいます。そうなると、新しい授業に挑戦することは諦めるしかないでしょう。生徒が壁をよじ登ったり、靴を投げ合っているときにやるべきことは、それをやめさせることです。

もちろん、彼らは実際に靴を投げ合ってはいないでしょう。彼らは、単に授業に遅刻しただけであったり、必要なものを持ってこなかっただけかもしれませんし、宿題が不完全であったり、遅れたり、見当たらないのかもしれません。ひょっとしたら、私語をしていたり、スマートフォンをいじっていたり、まったく聞いていないだけかもしれません。これらは些細なことですが、教師にとっては問題となります。

さらには、これらのことが、生徒にとって深刻な問題を引き起こすことにもつながります。規律のない、無駄で軽率な選択を生徒が行い続けると、その後、学生生活や社会人となったときに苦しむことになってしまいます。しかも、自分が苦しんでいる理由が理解できないまま成長してしまうことになるかもしれません。

この件について、あなたには何ができるのでしょうか？　多くの教師は、スタンプのようなご褒美としての「ニンジン」を使って、生徒がよい選択ができるように外発的な動機づけ(1)を行おうとします。また、一斉授業において長い講義をする教師もいます。教師によっては、居残りをさせて指導をしたり、特権を奪ったり、生活指導の案件にしたり、怒鳴ったりする人もいることでしょう。

どんな方法をとったとしても一つの疑問が残ります。「不適切な行動をこれからもしないように指導できているのか、それとも、生徒は単にそのときの罰則や報酬に反応しているだけなのか？」ということです。

学びの場でも、そうでない場においても、生徒がよい選択をすることが習慣化するように教える方法はあるのでしょうか？　しかも、多くの授業時間を割くことなく、それを行うことは可能なのでしょうか？

(1)　外発的動機づけは、行動の要因が評価・賞罰・強制などの人為的な刺激によるものであるという考え方に対し、内発的動機づけは行動要因が内面に湧き起こった興味・関心や意欲によるものであるという考え方です。この点に関するおすすめの本は、エドワード・デシの『人を伸ばす力』です。

ハック――罰則や報酬をやめ、しっかりと記録に残す

適切でない選択をしたことに対する罰則やよい選択にご褒美を与える代わりに、教師の記録が生徒の行動における動機づけとなるようにしていくのです。ノートを使用し、一人の生徒に一ページ使って、記録に残すべき行動を書き込みます。生徒が授業に遅れてきたら、その生徒のページに日付とともに書き込みます。もし宿題を提出しなければ、そのことをその生徒のページに書き込むのです。

もちろん、よいことも記録に残しましょう。ある生徒が、友達が通るためにドアを開けてあげていたら、そのことを記録します。ディスカションにおいて、相手を尊重しながら上手に反対意見を述べていたら、それを記録します。

「行動の記録」は、不適切な行動を記録するだけではありません。その名前が示すとおり、行動を記録し、その人の人となりを示す集積表となります。

記録が取られるようになったら、個人的にその生徒とノートを共有することもできます。その生徒を呼び、ノートを見せながら、「今日は集中して読めていましたね。よかったです。そのことを記録しました」や「これを見てください。今週は遅刻が四回もありました。どうしたのです

表４－１　ある生徒の１か月間の行動記録

ジェーン・ドウ		
日付	＋	－
9/14	鉛筆を貸してあげていた。	
9/30	最初にスピーチをやることに手を挙げてくれた。	
10/7		２分遅刻
10/8		３分遅刻
10/13	ひたすら読む時間(注)に集中して読めていた。	２分遅刻
10/14		２分遅刻

（注）一人で集中して本を読む時間。教師はこの間、必要な生徒にカンファランスを行い、状況の確認を行います。

か？　何かありましたか？」と言ったり尋ねたりするのです。また、書き留めた出来事に関して、急を要する場合以外は該当ページを見ながら定期的に生徒と話し合いをするという時間をつくってもいいでしょう（週に一回、月に一回、採点期間に一回などです）。

このシステムは、大人が「実社会」と呼んでいる状態でのあり方を反映したものです。そこでは、選択を誤ってもすぐに罰が下されることはありません。ほかの人の会話を遮っても、それが理由で居残りをさせられるということはありません。

とはいえ、それらのことをしただけの結果はついてきます。食事会への誘いをするとき、厄介者への招待状だけが紛失してしまったりするのです。いつも時間ギリギリに到着する人に対して、実社会では生活指導が行われることはありません。しかし、管理職が昇進させる人を決めるとき、その人は除外されることになるでしょう。また、スピード違反の疑いで停められたとき、無事故無違反のドライバーであれば、ダッシュボードのグローブボックスに駐車違反の切符がいっぱい入っている人よりは厳重注意ですむ可能性が高くなります。

すべての生活面において、あなたが書く「行動の記録」は、記録にあるものでも記憶にあるものでも、生徒の特徴を表すことになります。生徒が「行動の記録」の全体像を掴めば、彼らはより良い行動ができるようになっていきます。

何が起きたかについて、「行動の記録」にそのまま記録していくことで、驚くほど効果的に、生徒がより良い選択をするようになっていきます。行動を記録される以外に生徒は何もされることはないのですが、何かよくないことが書かれるのではないかと生徒たちは気にするようになり、問題となる行動を慎むようになっていきます。[2]

また、複数回記録されることの効果はとても大きいものです。「おしゃべりをしすぎている」と注意を続けるのもいいのですが、「集中して課題に取り組むように」とあなたが何回言わなければならなかったかを数えておき、授業の最後にその回数を伝えれば生徒に与える影響はかなり違ったものになります。あるいは、生徒に「合計を数えますよ」と伝えるだけで、どれだけその出来事が減るのかを見てもよいでしょう。

「行動の記録」には、ほかにもよい面があります。一つは、問題行動として生活指導に取り上げるときに必要な証拠となります。生活指導として取り上げる前に管理職は、担当教師が授業などにおいてその問題が大きくなる前にどのような対処をしたのかについて知りたがるものです。行動を記録しておけば、問題が継続して起きていることの証拠となります。

さらに、よい行動を記録しておけば、その生徒は「見てもらえている」と感じることができますし、一方、行動に問題を抱えている生徒に対してはよい行動を促すことにつながります。この実践をはじめると、最初は崩壊しているように見えるクラスでも、肯定的な姿勢で接することができるようになっていくはずです。

(2)　翻訳協力者より、「生徒の選択は、書かれることを気にして行われるよりも、書かれたことをもとにした教師との面談を通して、自らの行動を振り返ることで正しい選択が行われるようになる」というコメントをもらいました。行動が改善されたことで終わらず、記録を生徒と共有して話し合うことを忘れてはいけないということだと思います。

あなたが明日にでもできること

「行動の記録」の価値は、長期間にわたって観察の記録を蓄積していけることとなりますが、すぐにでもその恩恵を得て楽しむこともできます。

ノートを手にする――継続的な教師の介入を必要としない課題に生徒たちが取り組みはじめたらすぐにノートの新しいページを開き、まず真ん中に線を引きます。左側には観察できたよい行動を記録していきます。そして右側には、あまり望ましくない行動を記録します。最初は、一つのページにクラス全体のことを記録しましょう。生徒には、「何が起きているかを記録しているだけ」と伝えましょう。よい行いだけでなく、問題となることも記録したいからです。

見たことを書き留める――授業において生徒がそれぞれの必要に応じた活動を行うとき、教師は時折立ち止まって、起きていることを記録しましょう。特段記録すべきことが起きていない場合は単に「集中している」と書き、とくにしっかりと課題に取り組んでいる生徒の名前を記録するようにしましょう。

ノートを共有する——生徒が「何を書いているのか」と尋ねてきたら、その生徒に関する記録を共有します。もし、これによって授業の活動時間が大きく損ねられる場合は、「ほかの時間に記録について話します」と生徒に伝えましょう。

振り返る——一日の終わりに記録のパターンを見つけましょう。悪いことよりもよいことを記録していますか？　特定の名前が複数回記録されていますか？　この記録は、目標を設定する場合にも使えます（「もっとよい行動に気づくようにしよう」などです）。さらに、ほかの日に特定の生徒との話し合いの時間を計画するためにも使えます。

完全実施に向けての青写真

ステップ1　「行動の記録」をつくる

あなたにとって、もっとも使いやすいものを準備しましょう。リングファイルを好む人もいます。授業ごとに分け、それぞれの生徒用のページをつくっているのです（六一ページの**表4－1**のような形です）。リングファイルを用いることで次のようなことが可能となります。生徒のよくない行動が積み重なったときには、彼らが陥ってしまっているその行動パターンについて話をする機会を設けることができます。そのあとで、新しいきれいなページをファイルして、それまでのことを「帳消し」にするのです。そして、そこにあった古いページはほかの場所へファイリングしておきます。

教師のなかには、生徒ごとの表などがよいと言う人もいます。一つの行はよい行動の記録（+《プラス》記号で表します）に使い、もう一つはよくない行動（−《マイナス》記号で表します）の記録に使います。プラスやマイナス、または良し悪しといった言葉が合わないと感じる場合は、自分が使いやすい言葉や記号を用いるとよいでしょう。

生徒の行動に対して、その場で良し悪しなどに分けずに、単に見たことを箇条書きのように記録しておいてもよいのですが、数回以上記録を取っていくと、生徒の行動がよいもので効果的だったのか、またはそうでなかったのかに関する[3]判断が困難になっていくことを常に意識しておきましょう。視覚的な分類記号などをつくっておくと、あなたも生徒も、行動パターンをすぐに見つけだすことができるでしょう。

「行動の記録」は、紙でもマイクロ[4]ソフト・ワードの表やエクセルの表などといったデジタルでもかまいません。また、エバーノートのようなものでもよいでしょう。あなたが使いやすいものであればそれでいいのです。

ステップ2　簡易版を用意する

最終的にリングファイルに残す場合でも、オンラインのドキュメントに残す場合でも、起きたことを素早く、その場で書き留めるためには軽くて小さいツールが必要となります。小さなメモ用紙や付箋、クリップボードに挟んだ紙でもいいですし、スマートフォンでもよいでしょう。それらを用いて素早く記録を取り、あとで「行動の記録」に写しておくようにしましょう。

ステップ3　生徒に説明する

このステップによって教師のしていることを生徒が理解し、「行動の記録」をより効果的なものにしていきます。まず、何らかの行動をすることだけで小さな罰やご褒美が与えられることは実社会ではほとんどないということから話していきましょう。その代わり、どこに行っても評判という「行動の記録」が付いて回り、相手からどのように見られるかといった影響を及ぼすことになる、と話します。

「オオカミ少年」というイソップ寓話を話してもよいかもしれません。この話では、嘘を繰り返

(3)　これの例として、『最高の授業』の七七ページに掲載されている「スパイダー討論用のコード」が参考になると思います。

(4)　オンライン上のノートとしてメモなどの情報を蓄積しておくことのできるサービスです。

していた子どもは、最後に言った真実を誰にも信じてもらうことができませんでした。彼の「行動の記録」が、その理由を物語ることになります。

生徒に記録の方法を見せましょう。表そのものや、彼らの名前が書かれたページです。最初は白紙であることを示し、これからよい行動やよくない行動で埋められていくことを伝えます。人の性格となるものはその人が選択した行動の集合体であることを話し、誰でも間違いを起こすことがあると話します。ただし、よくない行動にはパターンがあることを伝え、将来、大きな問題につながる行動を選択してしまう可能性があることも話しましょう。

ステップ4　行動は中立で客観的な言葉で記録する

この記録の目的は、繰り返される行動が積み重なることでその人の個性がつくり上げられるという事実を示すことにあります。そのため、価値判断が含まれる言葉で記録することは避ける必要があります。たとえば、「授業中に落ち着きがなかった」という表現だと、やや価値判断が込められているように感じてしまいます。そうではなく、「一時間で八回、指で机をトントンと叩いていた」のように、生徒が何をしたかについてそのまま記録します。同様に、よい行動にも「グループワークの際にとても協力的だった」と書くのではなく、「二〇分にわたって、ほかの生徒にPrezi(5)の使い方を教えていた」と書くのです。

良し悪しにかかわらず、このような形で行動の記録を残す理由は、そのときにどのようなことが起きていたかを具体的に伝えるほうが一般的な言葉で伝えるよりも彼らの行動を変える力が大きいからです。

ステップ5　静かに記録を取る

よいことにしろ、悪いことにしろ、生徒の行動を記録することに注目が集まってしまうと面倒なことが起きる場合もあります。きまりが悪いと感じた生徒が、面目を保つためにさらによくない行動をしたりするのです。これがきっかけになるというわけではありませんが、生徒が何らかの行動をし、それを教師が記録し、また何かを生徒が行い、教師が記録するのを待つというゲームのようになりかねません。

「行動の記録」を、付け足しと位置づけないようにしてください。記録をする際には、生徒の活動を妨げることのないように注意しましょう。その場では教師自身が分かるように記録を取り、生徒との話し合いはあとでもつようにするのです。

（5）　オンラインのプレゼンテーションツールです。よりダイナミックなプレゼンテーションを可能にしてくれます。
https://prezi.com

ステップ6 生徒と「行動の記録」を確認する

授業中、生徒がそれぞれの課題に対して取り組んでいるとき、計画的に声をかけ、生徒それぞれが行っている活動の様子を尋ねたり、必要に応じてその場で声かけを行っていくことで確認していきます。

「行動の記録」を用いることで、生徒の癖や習慣を変えることもできます。たとえば、遅刻が習慣となりつつある生徒に対して記録を見せ、遅刻の原因について話し合い、解決策をブレインストームさせます。その後、焦点をよい部分に当て、「次の数週間で時間どおりに何回来ることができたかを数えていけばよい」と伝えるのです。

ステップ7 「やり直し」を認める

よくない記録ばかりが溜まり、生徒が最初からやり直したいと言ってきた場合はそれを認めましょう。よくない記録でいっぱいのノートを、新しくてきれいなものと取り替えるのです。先にファイルされていたものは、どこか目のつかない場所に置くようにします。このようなちょっとした行いが、自分がどのような人物なのかを模索している生徒のために行っているということをよく表すことになります。

課題を乗り越える

課題1　すでにたくさんのことをしています。記録をつけるような時間はありません！

「行動の記録」がしっかりとした意図をもって行われれば問題行動を減らすことができ、最終的には、より多くの授業時間や学級活動の時間が確保できるようになるはずです。もちろん、記録を取るための時間をより短くするための方法を見つけだすことも必要です。

一つの方法は、よく起こる行動に対してコードを決めることです。たとえば、生徒が五分遅刻してきた場合には、日付と五分の遅刻を意味する「5チ」というコードを書き留めればいいのです。ほかにも、記録を小さな付箋にとり、一日の終わりにそれぞれの生徒のページに貼り直せば書き直す時間を短縮することができます。また、生徒自身に名前とともに行動を付箋に書かせて記録を残すこともできるでしょう。こうすれば、生徒自身に学びの責任をもたせることができるようになります。

課題2　もし、生徒がお互いのページを見てしまったら？

プライバシーは、生徒の記録や書類に関する重要事項となります。「行動の記録」も、その他の個人情報にかかわる書類と同じように扱いましょう。生徒に記録を見せたい場合は、その生徒の記録だけが見えるようにすればよいのです。

課題3　ネガティブで粗探しをしているように見えます。生徒の小さな間違いをすべて記録する気にはなれません

もちろん、すでにクラス運営を効果的に行う方法があるのなら「行動の記録」は必要ないでしょう。ただ、「行動の記録」には、記録したいと思うことであれば何でも記録してよいということだけは忘れないでください。もし、よい行動や積極的な行動だけを記録したいのであれば、そのようにしてもいいのです。また、毎日たくさんの記録をつけるのではなく、本当に重要な出来事だけを記録したければ、そのようにすればいいのです。

「行動の記録」がほかのクラス運営の方法と異なる点は、使う人の用途に合わせて柔軟に使えるということです。

課題4　重大な問題行動についてはどうすべきでしょうか？　記録を取るからといってケンカをそのままにはしておけません

緊急で重大な問題行動については、学校の規則に従って指導してください。職員室へ連絡した

り、特別指導を行ったりするなど、決められたことをしてください。「行動の記録」は、もう少し軽微な問題行動などについて使用します。

ハックが実際に行われている事例

ジェニファー・ゴンザレス先生が次のように言っています。

私はこの方法を、大学の一年生と二年生を受け持ったときに使用しました。「教育入門」という授業における役割の一つとして、教育学を専攻する生徒を推薦するということがありました。それぞれの生徒に対して、彼らのアカデミックスキル、倫理的な行動、時間を守るという意識など、教師として必要とされる事柄を評価するためのフォームを作成しなければなりませんでした。

各学期の終わりにこれらのフォームを完成させなければならず、いつも手間取っていました。長期にわたって、彼らの習慣や行動についての評価を、彼らとの経験に基づいてつくり上げてきましたが、それらの行動を記録したことはなく、彼らの将来にかかわるような判断をする際、私自身の評価にしっかりとした裏付けがもっと欲しいと思っていました。

三年目になり、ハックで紹介されているような記録をつける方法を私は作成しました。**表4-1**（六一ページ）にあるような簡単な表をマイクロソフトのワードで作成し、遅刻や早退（それらを頻繁に行っている生徒がいることが分かりました）、課題の遅れや未提出、不適切な場面でのおしゃべり、そしてプリントやメールにおける指示をしっかり確認していなかったことなどを記録しました。

さらには、クラスでの活動に対する積極的な姿勢や、授業に出れないときの事前連絡、ディスカションにおける適切なコメント、課題を明確にするための質問をしたことなども記録しました。これらの行動は必ずしも成績に反映されませんが、学校や社会生活においては成功につながる大切なものです。

推薦するためのフォームをつくり上げるとき、これらの記録が非常に有効なものだということに気づきました。後日、このクラスの生徒が就職における推薦状のお願いに来ることがありましたが、そのときも私は、この表に戻ることで主体性など雇用主が重要視しそうな具体的な事例を見つけることができました。

この表は、ほかの側面でも効果を発揮しました。この方法について事前に説明を行っていましたので、以前の学期よりも生徒がより積極的に私とコミュニケーションを取るようになったと思います。

ある生徒は、特別なイベントや活動によって授業に出席することができなかったり、早退することがよくありましたが、私はこの記録を彼女に見せて同じようなことが何度も行われていることを示しました。このようなことが記録に残っていることは、その生徒にショックを与えるとともに、授業に対してあまり意欲がないように私には見えるという主張の裏付けともなりました。「行動の記録」を使うことがなければ、私の主張はその生徒に対する不当な偏見になっていたかもしれません。

複雑な課題に対する解決策は、もっとも単純なものであることがよくあります。もし、行動に対するご褒美や罰則などを使いたくなければ、注目に値する生徒の行動を記録し、選択した行動が、最終的には自分自身をつくり上げていくことになると生徒に示してあげてください。

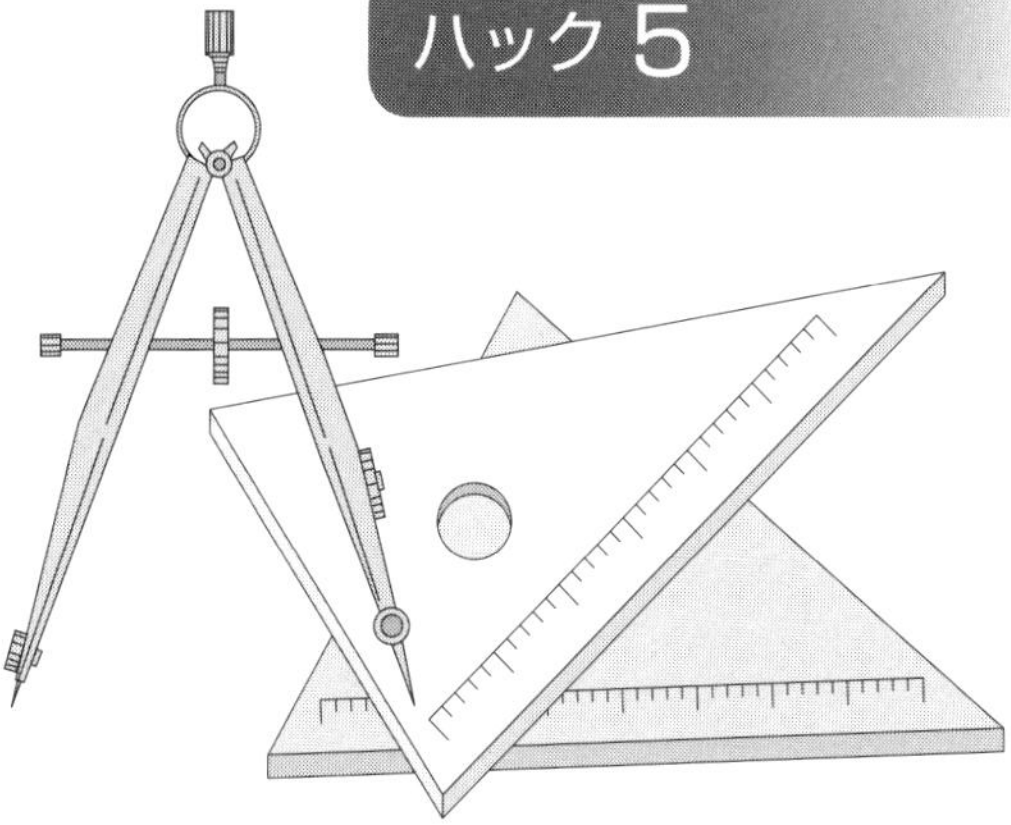

生徒による
メディア・サポートチーム

生徒による簡易な ICT 問題の解決

子どもに自分が受けた教育を押しつけてはならない。
その子どもは違う時代に生まれたのだから。

（ラビンドラナート・タゴール）*

（*）（Rabindranath Tagore, 1861～1941）小説家、哲学者、芸術家、作曲家。インドで詩聖として尊敬を集めた人物で、1913年にはアジア人として初めてノーベル賞を受賞しました。

問題――ＩＣＴサポートの不足

学校におけるＩＣＴの使用は飛躍的に進んでいます[1]。毎年、教育に用いるためのＩＣＴが次々と開発され、教師への期待も高まっています。この期待に応えるために、学校は二つのことをする必要があります。一つは教師への研修です。最適となる水準でＩＣＴの用い方を学ぶ必要があります。二つ目はサポートです。ハードやソフト、接続にかかわる問題が起きたときに対処するためです[2]。

理想的には、各学校が何人かのＩＣＴ専門の職員を雇い、研修を行ったり、問題が起きたときにすぐに解決したりすることが望まれます。何か問題が起きたとき、彼らが各教室にすぐに出向いて、問題に対処することで授業が続けられるようになります。

しかし、残念なことに、多くの学校ではこのような体制がとられていません。学校によっては、一人の職員がＩＣＴのすべてを担っています。教育委員会によっては、一人のスペシャリストがいくつかの学校を受け持っている場合もあります。一番多いのが、元々は別の役割（図書館司書や進路担当など）を担っていた人が「ＩＣＴ担当[3]」に割り当てられ、ＩＣＴ関連の業務を任されているというケースです。

このようなサポート不足が多くの問題を引き起こしています。ＩＣＴ機器の故障によって計画していた授業を断念したり、トラブルを直すために多くの時間を取られたり、さらには、トラブルに遭うリスクを避けたりもしています。つまり、ＩＣＴ機器を使用するといった活動を計画しないということです。トラブルを処理してくれる人がより多くいたら、教師はＩＣＴがもたらす利点をより活用することができます。

ハック――生徒の「メディア・サポートチーム」のメンバーを採用する

プロジェクターの設置や使用の際に手伝ってくれた生徒がいたように、教えられればＩＣＴの

---

(1)　日本の学校を訪れる海外からの来訪者が一番驚くのが、生徒たちがＩＣＴをほとんど使っていないことです。日本はハイテクの国というイメージが彼らにはありますから、なおさら驚きとして見えるようです。

(2)　この大切な二つは、日本で何か新しいことをしようとする際、常に欠落しています。それが理由で、たとえば「総合的な学習の時間」、「指導と評価の一体化」、「主体的・対話的で、深い学び（アクティブ・ラーニング）」などが一向に実践されない状態が続いています。

(3)　日本では、情報科の教師かＩＣＴに詳しい人の場合が多いです。

サポートをクラスメイトや教師に提供できる生徒がいます。多くの生徒はすでにＩＣＴに慣れていますし、教師以上に使い慣れている場合もあることでしょう。彼らは使い方をすぐに学んでいきます。このような生徒のサポートを活用していくことで、簡易な問題はすぐに解決できるようになっていきます。

ある生徒に対してＩＣＴに詳しいというイメージを多くの教師がもっている場合でも、実はその生徒は、行き当たりばったりで問題を解決しているだけかもしれません。うまく使えない機器を前にして教師が頭を抱えているとき、生徒がいくつかのアイコンをクリックして問題を解決してしまうといったこともあります。

もし、生徒が正式に選ばれ、研修を受け、いつでも必要なときにサポートをしてくれるチームが形成されたとしたら、学校での学びにどれだけ貢献するかを考えてみてください。問題が起きたときの対応とは別に、生徒の「メディア・サポートチーム」にはほかの役割を担ってもらうこともできます。彼らに、生徒や職員を対象にした基本的なスキルの研修を行ってもらい、ＩＣＴについて学校全体が学べるようにするのです。

> 問題が起きたときの対応とは別に、生徒の「メディア・サポートチーム」にはほかの役割も与えることができます。生徒や職員に基本的なスキルの研修を行い、学校全体で学ぶことができるのです。

あなたが明日にでもできること

しっかりと円滑に仕事が行える生徒のチームを築き上げるためには、時間と計画およびトレーニングが必要となりますが、試験的なプログラムと割り切ればすぐにでもはじめることができます。

スペシャリストを見つける――まずは、すでにＩＣＴスキルをもち合わせている生徒を集めます。スキルのレベルは人によって異なるでしょうが、今は試している段階であることを忘れないでください。彼らが使いこなすことができて、サポートを提供できるPreziやグーグル・ドライブ、マイクロソフトのワードなどといったソフトのリストをつくりましょう。

同僚に知らせる――管理職の許可を得て、全体または数人の教師に生徒のリストをわたしましょう。ＩＣＴ関連で何か尋ねたいことがあるときには、学校や教育委員会のＩＣＴ専門職員よりも前に、まずは彼らに聞いてみるようにしてもらうのです。

その場でトレーニングをしていく――授業の間に数分でも空き時間があれば、スペシャリストとなる生徒に、三～五分程度で便利なウェブサイトやアプリの使い方を見せてもらいましょう。このちょっとした時間の使い方が大きな効果を上げることになります。生徒にとってはICTを用いたプレゼンテーションの練習になりますし、ほかの生徒たちはクラスメイトからICTについて学ぶことができます。また教師にとっては、どの生徒がICTについてうまく説明ができるのかを知る機会にもなります。

完全実施へ向けての青写真

ステップ1　チームを見つける

クラブ活動などですでにテクノロジーなどついて取り組んでいるグループがある場合は、サポートチームとして手伝ってくれる生徒を見つけるのは容易でしょう。（4）チームに入る生徒だからといって、学校が使おうとしているICTツールやプラットフォームについてすべてを知っている必要はありません。ICTに関する適性をもち、新しいスキルを身につけ、コミュニケーション能力が高いことが求められます。言うまでもなく、ほかの人に教えることになるからです。

また、彼らは、成績においても、普段の行いにおいても模範となるような生徒であることが求められます。彼らが仕事をこなすことで自分の学習時間を奪われてしまうことがありますし、ほかのクラスを手伝うときには、しっかりとした振る舞いをする必要があるからです。

ステップ2　学校のニーズを見つける

教師と生徒にアンケートを取り、よく起こっている問題は何か、どのようなスキルを身につけたいと思っているのか、またICT関連で必要としていることは何かを尋ねましょう。その上で、チームとして取り組むべき課題を二つか三つに絞ります。

アンケート結果によるリストは長く、さまざまなものになるかもしれませんが、パターンを見つけたり、多くあるリクエストから優先順位を付ける形で決めていきます。優先順位を考えるにあたっては、具体的な目標を意識するとよいでしょう。以下がその例となります。

・グーグル・ドライブを使って以下のことができるようになる。ログインすること、新たなファイルの作成をすること、ファイルをほかの人と共有すること、ファイルのアップロードを

（4）　さまざまなサービスなどが組み合わされたシステムが動作するためのの基盤となる場所のことです。

すること、ファイルのダウンロードをすること、ファイルの移動をすること。

・Edmodo[5]を使って以下のことができるようになる。新しいグループをつくること、グループにお知らせを送ること、ドキュメントをアップロードすること、ドキュメントのリンクをグループのお知らせに貼ること。

・カフート[6]を使って以下のことができるようになる。テストを作成すること、授業内で実施すること、結果を保存すること。

目標のリストに加えて、よく聞かれるであろう質問や、よく起きるであろう課題を考えておくとよいでしょう。

ステップ3 チームを養成する

優先順位がはっきりと決まったら、チームの生徒がその目標のためのスキルを教え、目をつぶっていてもできるように身につけてもらいましょう。また、チームすべての生徒がよく聞かれる質問に対して、正確に答えられるようにする必要もあります。基本的な行動指針をつくり、ロールプレイをして、礼儀正しく手伝いができるように練習しておきます。

ステップ４　サポートチームの手順を作成する

ほかの人にサポートチームのことを知らせる前に、どのようにリクエストを受け、どのように対応するかの手順を決めておきます。そうすることで、リクエストがあったときに素早く対応することができます。以下は、手順に含めると便利になる仕組みです。

教師や生徒がリクエストを提出する仕組みの作成――一九八七年であれば、この仕組みには用紙と靴箱が利用されたことでしょう。そして、二〇〇四年には、リクエストは顧問をしている教師にメールで提出されたことでしょう。しかし今は、ほかの選択肢があります。たとえば、グーグル・フォームを使えば、学校のウェブサイト上にリンクを載せるだけで誰でもどこからでもアクセスすることができます。

教師や生徒がグーグル・フォームを用いてリクエストを提出すると、その情報は自動的にスプレッドシートへ送られます。サポートチームはスプレッドシートを確認するだけで、リクエストが送られるごとに対応することができます。

（５）　教師と生徒のコミュニケーションを円滑にするとともに、世界中の教師が学習コンテンツを共有することで、より良い学習環境の形成を目指している、教育に特化したプラットフォームです。

（６）　三四ページに掲載した**表２－１**の注５を参照してください。

リクエストをチームの生徒に割り当てる仕組みの作成——誰がいつ対応できるかのスケジュールをつくったり、顧問をしている教師がリクエストに応じて生徒への割り当てを決めたりすることが考えられます。

記録をつける場所の作成——リクエストの記録とどのように対応したかについて記録しておくことは、パターンを見つけたり、新たに身につけるべきスキルを考えたりするときに役立ちます。また、助成金などの申請をする場合には、このプログラムがどの程度役立っているかを示すこともできます。

ステップ5　宣伝をする

生徒によるサポートチームができても、知らなければ誰も使いません。チームを立ち上げたら、教師やほかの生徒に知ってもらうために宣伝活動を行いましょう。どのようなサービスが提供されているか、またリクエストの送り方を知らせるのです。

学校のホームページ内にサポートチームのページをつくるというのもよい方法です。メンバーごとの得意分野を載せるだけでなく、チームとしてどのようなスキルをもち合わせているのかといった具体的なリストを載せることを忘れないでください。パワーポイントの使い方に長けているメンバーがいるのであれば、宣伝をしましょう！

ポスターや学校通信のようなもので宣伝するといった、従来の方法も使うことができます。さらに、チーム以外の生徒にも宣伝活動に参加してもらえる方法を考えていくべきです。ＩＣＴのスキルには長けていなくても、絵を描くことや文章を書くことが得意で、人を惹きつけるポスターや短いコマーシャル動画といったほかの宣伝方法をうまくつくれる生徒が必ずいるものです。

新しいシステムに慣れるのには時間がかかります。教師や生徒は、定期的に宣伝できるように準備しておくとよいでしょう。

ステップ6　研修の計画と実施

ＩＣＴでのサポートは、問題が起きてから対応するだけではありません。チームは教師や生徒に対して、ＩＣＴの適切な使い方について研修することもできます。これらの研修は、大人数でも少人数でも実施可能ですし、職員会議やそれぞれの授業時間に行うこともできます。また、これらの研修を動画や画像として記録しておき、学校のホームページに掲載されているチームのページに載せることもできます。

課題を乗り越える

課題1　生徒はまだ幼すぎます

高校生になると生徒によるヘルプデスクが盛んになりつつありますが、中学校や小学校ではまだ行われていません。それは、「幼い生徒にはまだできない」と教師が考えているからです。小学校の五年生や六年生であれば、ＩＣＴに関する基礎的な問題の解決方法を学べるほど十分に発達していますし、研修を行うこともできます（後述する「ハックが実際に行われている事例」および「ハック10」を参照してください）。

五年生でＩＣＴサポートを行った経験のある生徒が、高校生になったら何ができるようになるのかと想像してみてください！　幼い生徒たちは、高校生のチームほどさまざまなことはできないでしょうが、それでも彼らは学校や教育委員会の負担を軽くしたり、ニーズに合ったサポートを提供して課題を解決することができます。しっかりと振る舞うことができるかと気になる場合は、チームを見つけるときの注意点（ステップ1）を思い出してください。生徒を選ぶときには、よい行いの記録がある子どもを選んだり、サポートを提供する際の振る舞いについて明確なガイドラインをつくったりするのです。

課題２　セキュリティー面はどうなのでしょうか？　これによって、学校のコンピューターが大きなリスクを負いませんか

メンバーである生徒たちは、ＩＣＴのスキルだけでなく成績や普段の行いなどを加味して選ばれているということを忘れないでください。ですから、この生徒たちがセキュリティーを脅かすような過ちを犯すとは考えられません。校内にいるＩＣＴに詳しくない大人に比べれば、間違いなくそのような過ちは犯さないでしょう。

生徒たちがまだ幼く、セキュリティーに不安があるというのであれば、セキュリティー対策の研修を行うこともできます。確かに、メディア・サポートのチームが教師のコンピューターなどで作業する際には、個人情報や成績などのファイルにアクセスできる可能性があると考えてリスクを感じることでしょう。もちろん教師にも、個人情報などのファイルは確実に閉じたり、生徒が同じコンピューターを使う可能性がある場合は、自身のアカウントのログアウトを確実に行うように伝える必要があります。

課題３　サポートメンバーが手伝いをするために飛び回っていると、彼らは授業に出られなくなってしまうのではないでしょうか(7)

成績のよい生徒だけをメンバーとして集めることで、成績に影響を与えてしまうことを気にする必要がかなり小さくなります。ほかの課外活動や部活動のように、生徒が一定の成績を保てない場合は、チームの活動を休ませるといったような、出席に関するガイドラインを顧問がつくるとよいでしょう。

また、ある科目で欠席をすることが許されなかったり、教師によってはICTサポートのために生徒を欠席させることを望まなかったりする場合は、その時間にはサポート活動ができないように計画を立てる必要が出てきます。ただ、一つだけ踏まえておくことがあります。たとえ授業を受けられない時間があったとしても、その時間に生徒はコミュニケーションやICTのスキルを伸ばしているという事実です。言うまでもなく、これらは将来の学びや仕事に活かされるものとなります。

課題4　学校には、「メディア・サポートチーム」の顧問をしたり、研修をしたりするための職員がいません

これはよくあることですが、ハッカーの精神で乗り越えるべきものと言えます。以下に、いくつかの解決案を提示しておきます。

・このプロジェクトを誰もやりたがらなかった場合は、数人の教師チームで行うことで負担や責任を分担することができます。

・ほかの学校などのＩＣＴに精通した教師を講師として招いて、研修を行うこともできます。さらには、その人に地区すべてのサポートチームの研修をしてもらい、クラウドなどを通じて会議を行い、課題に取り組むことができます。また、定期的に実地研修を行ったり、必要な課題の解決に取り組んだりすることもできるでしょう。
・オンラインのリクエストフォームの活用や適切な研修ができなかったり、十分な形でプログラムの実施ができない場合を想定して、各学年でＩＣＴスキルをもつ生徒のリストを作成しておき、何か小さな問題が起きたときにはサポート活動が行えるようにしておけばよいでしょう。
・ＩＣＴに関する職員研修などを行う際、数人の生徒に同席してもらいます。そうすれば、講師となる職員がＩＣＴツールを使う際、彼らにサポートをしてもらうことができます。

（7）　日本では、暗記を中心に据えた授業＝テストで「公平」に評価できる授業を前提にしていますから、生徒を特定の係に指名して、その生徒が授業を抜けることはほぼ考えられないでしょう。しかし欧米では、訪問者の学校案内をはじめとして、保護者の理解と了解のもとに多様な役割を生徒たちが担っています。もちろん、生徒たちに「やらされ感」はありません。やって当然という空気というか、文化があります。つまり、世の中（学校の中も含めて）には、授業よりも価値のあることがたくさんあると捉えているのです。そうはいっても、日本と同じようなことを心配する教師もいるだろうという課題設定になっています。

ハックが実際に行われている事例

ケンタッキー州のボーリンググリーンにあるリチャーズビル小学校の生徒と教師は、ＩＣＴの得意な四人の六年生による「ボブキャット・ヘルプデスク」を運営し、サポートを提供しています。図書館にいるメディア・スペシャリスト（司書）のバリー・サンダース先生が学校のテクノロジー・リーダーシップ・プログラムの担当となり、職員からのサポート要請が増加しはじめたことを受けて、二〇一四年にヘルプデスクを立ち上げました。

チームがつくられた際、まず初めに行ったことは、職員にアンケートを取ってＩＣＴに関するもっとも大きな課題を把握することでした。アンケートを通して分かったことは、多くの教師がグーグル・ドライブの使い方や新しいクロームブックの使い方について知りたいと思っていることでした。このことから、チームはこれらのスキルを教えるワークショップをつくり上げ、まず職員全体に向けての研修を行いました。そして、三年生から六年生までの各クラスで、それぞれ個別のワークショップを行うことにしました。より多くの人にこのスキルを身につけてもらうために、ワークショップで扱ったスキルを学ぶことができる動画もチームは作成しています。

研修のほかに、支援要請のリクエストにもチームは応えていきました。「ボブキャット・ヘルプデスク」は、「完全実施に向けての青写真」のところで述べたような手順でリクエストを受け付けました。毎日、チームのメンバーが図書館へ行き、学校のウェブサイトに埋め込まれたグーグル・フォームから送られてくる支援のリクエストがないかどうかを確認します。グーグル・フォームにリクエストが送られると、自動的にグーグル・スプレッドシートへその内容が転送されます。サンダース先生と生徒たちは、どのリクエストに誰が対応するのかを決めます。

　このシステムはうまく機能しているのでしょうか？　チームが立ち上げられてからサンダース先生は、「学校全体のＩＣＴに関連した支援のリクエストが劇的に減った」と言っています。この一年間で、教育委員会のＩＣＴコーディネーターへの支援のリクエストは七五パーセントほど減った

ノーラン、マディー、トリスタン、ナタリーの４人は、リチャーズビル小学校の６年生を対象にしたヘルプデスク担当として活動しました

だろうと彼は推定しています。

「もし、問題が教育委員会へ送られたとすると、それは私や生徒によってすでに一度は確認されたものですので、その問題はかなり深刻なものということになります」と、サンダース先生は言います。

これは、時間を無駄にしないとてもよい方法です。小さな問題を基本的なスキルのある人に任せることで、大きな問題をより素早く専門家に相談することが可能となります。生徒にこのような仕事を任せることは、学校全体におけるサポートの必要性を軽減し、物事がスムーズに進むようになるだけでなく、生徒の自己効力感とリーダーシップ・スキルが育まれることにもつながります。

「この生徒たちは、昨年はほとんど話すことがなかったんです。それが今では、多くの人の前でプレゼンテーションをするまでになっているのです」とも、サンダース先生は言っていました。

サポートチームの立ち上げが生徒たちに影響を与えたといったことは、予期していなかった効果の一つです。サンダース先生は、「教師たちは私のところに来ることが多いですが、生徒たちはお互いに助け合っています」と言います。学校によっては、ＩＣＴサポートは教師たちに対する研修を中心にして行われていますが、サンダース先生は生徒が生徒を教えることに力を入れているのです。

彼は、このチームの仕事を「戦力増強機」にたとえています。軍隊用語で、その機材や要素を付け加えることで、ないときより何倍も効果的に力を発揮させるというものです。生徒の助けによって、学校はＩＣＴの活用スキルが何倍にもなりました。

「誰からも何も聞かれないことが、チームがしっかりと機能していることの証です」と、サンダース先生は言います。「もしくは、システムを使わずにお互いに教え合っているということですね」

生徒のなかには、学校が必要としているスキル（とくにＩＣＴに関するもの）をもち合わせているか、スキルを学べるだけの余裕をもって校舎内を歩き回っている人がいます。公式にでも、非公式にでも、貴重な資源として彼らの力を借りることを考えたり、学びのコミュニティーに教える立場として彼らに貢献してもらう方法をあなたが考えはじめているのなら、そのまま歩みを進めてください。

ハック6

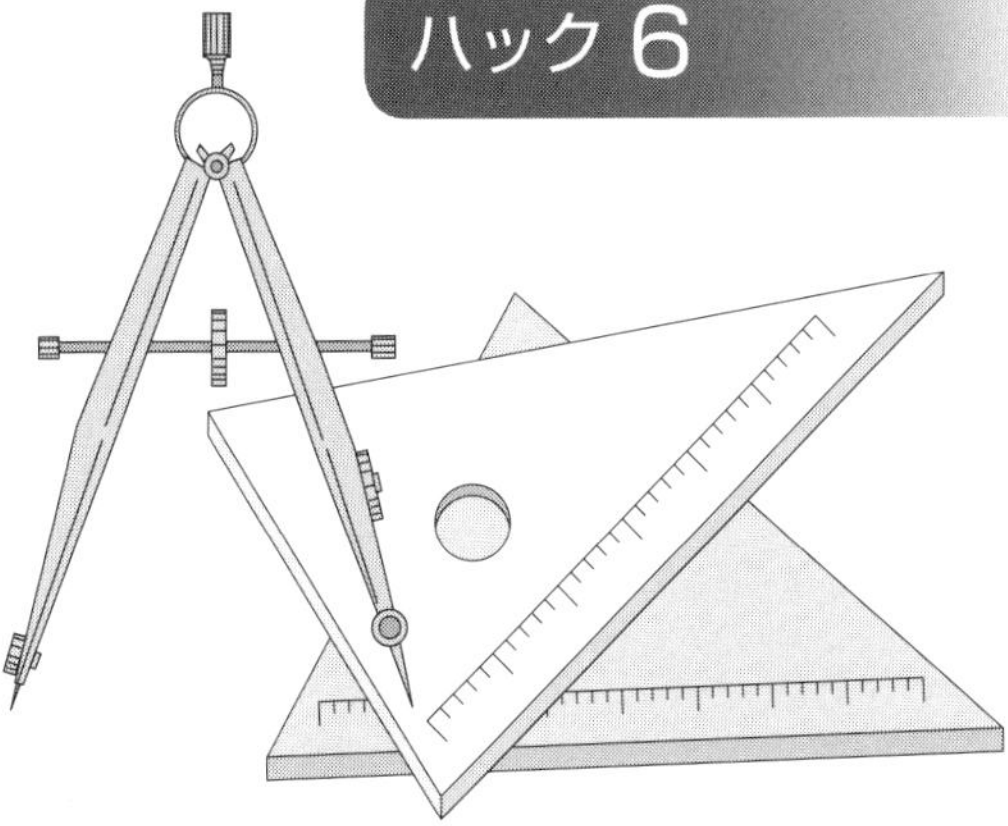

メンター・チーム

複数のメンターで若い教師を育てる

もし、自分自身を向上させたいと思うなら、
誰かほかの人を向上させることだ。

（ブッカー・T・ワシントン）*

（*）（Booker Taliaferro Washington, 1856～1915）アメリカの教育者で、奴隷として生まれました。奴隷解放宣言ののち学校に通い、多数の学校の設立と運営を支援して、その当時の主要な教育者となりました。

問題――教師であり続ける人が少なくなっている

学校において、教師を続ける人が少なくなっていることが大きな課題になっていますが、それは公然の事実でもあります。新しく採用された教師のうち、三年以内に三分の一ほどの人が職を離れていき、五年以内に半分が辞めていると言われています。この事実は、学校が教師を探し、面接し、雇い、研修を行うなどといったことに対して、毎年多くの時間を使わなければならないという悪循環をもたらしています。経験のない教師が教え方のスキルを身につけるまでには数年を要します。多くの教師がすぐに辞めてしまうため、学校としては、生徒の素晴らしい力に気づける可能性が小さくなっています。

教育委員会は、新任教師のために研修機会を設けていますが、これらのプログラムの効果はあまり芳しいものにはなっていません。これらの研修では、多くのペーパーワークが求められ、事前に計画された授業観察を受けることになります。そのため、必要な指導に欠かせない、しっかりとした関係性を築いていく場になることはほとんどありません。ほかにも、研修の結果によって何が起きたのかについて協議される機会が重要視されていないため、指導教官と新任教師との間でしっかりとした意見交換が行われていなかったりもしています。さらに、多くの学校では明確な研修計画すらもち合わせていないことがあります。

新任教師にとっては、頼れる先輩教師（メンター）を見つけられるかどうかが運次第となっています。運が悪ければ見つけられない、ということです。

この問題は、多くの若い教師が、自分から助けを求めることができないということにも関連してきます。彼らは、校舎内のすべての人が異常なまでに忙しいことを知っているのです。そのため、質問をしたり、何かをお願いすることで仕事の妨げになりたくないと思ってしまうのです。

教師のエゴという面も、この問題にかかわってきます。新任教師は、与えられた職務に関してできることや自分が職務に必要であるということを示そうとして、心の中では慌てふためいていても落ち着き払っているように見せてしまうものです。助けを求めることがなく、多くの新任教師たちは悩みを自分だけで抱え込み、新しい仕事を見つけるまでそれを隠し通すことになります。

現在の研修プログラムで新任教師が求めているものを提供することができていれば、こんなにも多くの教師が辞めていかないはずです。私たちに必要なのは、新任教師たちのための新しい研修プログラムなのです。

> 新任も含めて多くの教師は、恐ろしいほど人に頼ることができず、どんなに必要なときでも助けを求めようとしません。

ハック――新任教師を迎え入れるチームの設立

どんな学校にも、「この人だ」と言える教師が数人はいるはずです。仕事を愛し、生徒を愛し、教えるという情熱が冷めることのない人たちです。彼らは、その存在だけで周囲に刺激を与えています。このような教師は、言うまでもなくよいメンターとなります。ですが、新任教師が正式な形で彼らに割り当てられることがなかったり、異なった場面で出会ったとしても、彼らと一緒になって働くことで得られる知識やサポートを新任教師は受けることができないという環境になっています。当然、やる気を引き出してくれることにはつながりません。

「この人だ」というような教師が集まって、新任教師や経験の浅い教師（サポートの必要な教師であれば誰でもかまいません）と定期的に話をし、アイディアを交換し、課題を解決し、何が起きているのかを共有することで、自然と相談できる関係性ができあがります。

このような教師の集まりができることで、新任教師はそこからヒントを得たり、質問や悩みの相談がしやすくなり、経験のある教師と同じようなマインドセットをもつようになっていきます。また、このようなグループでのやり取りから、新任教師は教えることへのやりがいを見いだすことができるほか、問題がある場合には早急な対応ができるようになりますので、教師のキャリアを終わらせてしまうという選択をする前に対処することが可能となります。このようなグループを「メンター・チーム」と呼んでいます。

植物に詳しいガーデナーは、トマトのように傷みやすい植物を守るためにマリーゴールドを近くに植えます。マリーゴールドは、害虫や動物、病気から保護するための化学物質を放出して、ほかの植物の成長を促します。同様に、特定の教師がマリーゴールドのような役目を果たして、新任教師をポジティブな空気で包み、新任教師にとって害となるようなネガティブな空気をかわすための手助けをします。この考え方は、「教育礼賛（Cult of Pedagogy）」のブログにおいて、「マリーゴールドを見つけよう　新任教師にとって必要不可欠なルール」[1]として紹介されたものです。

ガーデナーは、このような事前対策は一つや二つの植物にかぎるべきではないと言います。もっともよい結果を得るためには、マリーゴールドをいくつかのまとまり[2]にして庭全体に植えるのがよいとされています。マリーゴールドのような教師がメンター・チームを構成したら、彼らの育成能力や保護能力は一気に広まるはずです。

（1）https://www.cultofpedagogy.com/marigolds/
（2）原書では、このマリーゴールドの説明を使って「マリーゴールド委員会」にしていますが、日本語訳としてはピンとこないので「メンター・チーム」にしました。

あなたが明日にでもできること

情熱をもった教師をメンター・チームとして集めるためには、数年ほどかかるかもしれません。ですが、メンター・チームをはじめるのは今すぐでなければなりません。

小さくはじめる――あなたがメンター・チームを構成できるような経験のある教師であるならば、同じような考えの教師を少なくとも一人は見つけましょう。そこに、新任または若手の教師を誘います。

放課後にお菓子を食べながら話したり、お昼を一緒に食べることや Voxer のグループをつくること（「ハック1」を参照してください）で話す時間をとります。また、お互いがどんな調子でやっているのかについて話し合いたい、ということを説明します。

Q＆Aセッションをする――実際に時間をとって集まる前段階として、新任教師に最近困っていることや疑問に思うことなどについてメモをしてもらい、会うときにそのメモを持ってきてもらいます。

メンターを見つける――もし、あなたが管理職なら、もっともメンターに適任だと思う教師に声をかけ、ほかに興味をもってもらえそうな教師は誰かというリストを作成します。

完全実施に向けての青写真

ステップ1　チームを立ち上げる

メンター・チームのコンセプトを説明したあとに、その役目を担ってもらえる人を募集します。リーダーは必要としませんが、参加する人が五人以上と多くなった場合は、ファシリテーターや代表を決めておくことで、何かを企画する際や、ほかの教師へ連絡するときに誰が責任者であるのかが分かりやすくなります(3)。

管理職はチームのメンバーに適任でしょうか？　メンター・チームの考え方は新しく、厳格な規則はまだ存在していませんが、管理職の存在自体が同僚的な雰囲気を壊してしまうかもしれま

(3)　一人の新任教師に五人のメンターというのは多すぎると思います。いいところ二〜三人でしょう。新任教師の数が多ければ、それだけメンターの数も多く必要になります。

せん。たとえば、「風邪ではないのですが休暇を取りたいときは、そう言ってしまっていいのですか？　それとも、病気のふりをしたほうがいいのでしょうか？」などといった、管理職には聞きづらい質問を新任教師がもっているかもしれません。

ステップ2　新任教師にアンケートを行う

アンケートを行うことで、新任教師が何を求めているか、困っていることや疑問に思っていることが明確になります。このアンケートは、直接会って聞くのではなく、紙やオンラインのフォームで行うのが理想です。しっかりと考える時間をとり、正直な回答を求められるようにするためです。アンケートは、次に示すようなオープンエンドの質問でなされる必要があります。

・現在うまくいかないことは何ですか？
・どのようなことに関する情報が必要ですか？
・この学校における疑問や質問はありますか？
・学校運営、生徒、教え方一般について何か質問はありますか？

新任教師は、分からないことが何かということが分からない場合もありますので、チェックリストや選択肢の質問を提供することで、何について聞きたいかを明確にすることができます。たとえば、「さらに学んでいきたいと思うことはどれですか?」という問いに、クラス運営、教育課程、教材の入手方法、評価と成績、ICT、資産設計や労働組合などといったリストを付け足すのです。

ステップ3　方針を決める

アンケートの結果が出たら、チームのほかのメンバーと会い、新任教師が課題として挙げたことに対してどのように対処するのかについて検討します。たとえば、どのような課題がもっとも挙げられたのか、個別の案件に対して専門的なスキルや知識をもっているメンバーはいるのか、チーム全体で議論をすべき課題はあるのか、新任教師をサポートするためにメンバーが用意するものはあるか、などです。何をするにしても、アンケートをもとにして新任教師とコミュニケーションをとりましょう。決して、推測をもとに行うべきではありません。

また、どの程度の頻度で集まるかについても考えておく必要があります。定例会を月に一回行うのか、週に一度集まるのか、学期ごとに集まるのかということですが、決めた頻度にあまりこだわらず、どの程度の必要性があるのかといったことに基づいて決めるのがよいでしょう。とはいえ、数回分の集まる予定をあらかじめ決めておけば、年間を通して関係性を保つことができるようになります。

ステップ４　第一回を開催する

楽しく、気軽に参加できるように計画します。新任教師は不安でいっぱいですから、最初の集まりが面接を行うような堅い雰囲気になっていると不安を煽るだけになってしまいます。メンター・チームは情報交換を行う場であり、主たる目的が、新任教師との関係性を築くことであることを忘れてはいけません。次に挙げるのは、最初の集まりを行う際のヒントです。

食べるものを用意する——昼休みのサンドイッチでも、放課後のお菓子でも、夜の食事でも、必ず食べ物があるようにします。

メンバーが教えはじめた年の思い出話をする時間を設ける——新任教師はメンターたちをよく知らないので、自分が本当に困っていることを話すために必要とされる信頼関係がまだできていません。しかし、最初にメンターが辛かった経験を話せば信頼関係をすぐにつくり上げることができます。こうすれば、最初の年には困難が伴うということが共有されることになります。

新任教師も同じ時間話せるように計画を立てる——思い出の共有は関係性を築くために必要なことですが、最初の集まりのとき、そのことばかりを話してはいけません。そうなると、新任教師はすぐに、自身がもつ課題に対してメンターたちは関心がないと判断してしまいます。新任教師が質問する機会や、彼らが悩みを話す機会をつくりましょう。

会話が続くようにする——最初の集まりでは、参加者全員でディスカッションをするのはやめておいたほうがいいかもしれません。まだお互いをよく知らないからです。話し合いをスムーズに進めるために、異なる質問についてペアで話し合ったり、みんなが話し合えるようにするために、アイスブレイキング(4)の活動やチーム・ビルディングのゲームをしてもいいかもしれません。

ステップ5　さまざまな集まりの機会を設ける

さまざまな機会に集まるように計画をしましょう。時間帯や長さ、行う活動などをいろいろと試して、誰かの重荷にならないように計画する必要があります。以下は、そのためのいくつかのヒントです。

・常に全員で集まる必要はないと考えます。人は、誰とでもうまくいくということはありません。毎回全員で集まるようにしていると、新任教師が合わないと感じる教師がチームにいる場合、その新任教師は参加をしなくなってしまい、彼らにとって必要となるサポートが得られなくなってしまいます。チームとしてだけでなく、個人的なつながりができればよいと考

(4)(ice break)直訳すると「氷を溶かす」となります。メンバーの緊張や警戒心を硬い氷にたとえて、それを解きほぐすという意味で使われます。「アイスブレイク」で検索すると、情報が得られます。

えることも必要です。時には一対一で話し合う場をつくるなど、柔軟な集まりをもつとよいでしょう。

・メンバーに、自身の専門に関する短く簡単なワークショップやプレゼンテーションを行ってもらいましょう。たとえば、個別の指導計画が必要となる要件、保護者への連絡や面談の注意点、問題行動への対処、そして評価方法などについてです。

・短くて、簡潔な集まりも計画しましょう。たとえば、始業前に行う一五分のドーナツパーティーなどです。これによって新任教師とチームのメンバーがつながり続け、のちに活かされる会話が生まれることになります。

ステップ6 声をかける

新任も含めて多くの教師は、恐ろしいほど人に頼らず、どんなに必要なときでも助けを求めようとはしないものです。そのため、メンターが常に話しかけ、「何かあったらいつでも聞いてね」と言うだけでなく、具体的な質問をすることでより詳細な会話を促します。たとえば、「クラス運営はうまくいっている？」、「どれくらい遅くまで残って仕事しているの？」、「今、どんな授業しているの？」などです。関心を寄せていることや、いつでも時間をつくれることを示すことで、新任教師は助けを求めやすくなります。

ステップ7 振り返りをする

年度末が近づいたら、一年を通して、何がもっとも有用だったかや、次年度に向けた改善点など、より充実を図るための振り返りを新任教師にしてもらいます。

課題を乗り越える

たとえアイディアはシンプルかつ有用なものだとしても、何らかの障害がつきものです。以下は、それらを乗り越えるための方法です。

課題1 時間がありません

このハックのよいところは、多くの時間をとられることがないという点です。ペーパーワークや決められた授業観察を求められる公的な研修制度とは異なり、メンター・チームは形式張っておらず、ペーパーワークも不要で、交流を目的としたものとなっています。

もし、時間のことを気にして誰も乗り気にならなかったら、時間効率のよいものにしましょう。

たとえ年度の初めに一回だけのイベントを企画したとしても、メンターとのより良い協力関係を生み出すための種を植えるのだ、と思ってください。

課題2　教師たちは、手当がなければ指導を行いません

どこの学校にも、教師たちが学ぶことを助けたいという強い意欲をもっている教師が存在するものです。チームに所属しようと誰も思わなかった場合は、自身をメンター（マリーゴールド）であると考えている数人の教師にお願いをして、最初の職員会議で彼らを紹介します。

課題3　新任教師が劣等感や恥ずかしさを感じてしまう

「ハック2」で紹介したオープンクラス・チャートといった授業見学のように、メンター・チームがなぜあるのかについて明確にしておくことが重要です。メンター・チームは、仲間意識や帰属意識を育て、素晴らしい教育者のコミュニティーをつくることを目的としていると、教師たちに伝えておきます。

メンター・チームは、「自分さえよければよい」という人たちの集まりではありません。彼らは友人であり、相談相手なのです。

ハックが実際に行われている事例

ニューヨークにあるビンガムトン高校の化学教師であるバーバラ・ラバール先生は、二〇一四～二〇一五年度の学校改善計画の一環としてメンター・チームを考え出しました。そして、次のように説明をしてくれました。

「マリーゴールドを見つけよう——新任教師にとって必要不可欠なルール」という記事を読んでとても気に入ったのでプリントアウトして、学校改善計画をつくっているときに校長と共有しました。私たちの学校は大きく、若い新しい教師にとっては大変かもしれません。そこで、「メンター・チーム」をつくれないかと校長に相談しました。新しい教師たちを迎え入れ、学校における要領を覚えてもらい、早く慣れて快適に過ごしてもらうためです。

興味をもちそうな数人の教師に声をかけ、新しくできたメンター・チームが新任教師たちと二回の昼食会を企画し、経験のある教師からヒントや情報を提供してもらったと言います。
「その内容は、これまでの研修ではあまり知ることのできないものでした」とラバール先生は言います。「教師にとって常識とされていることですが、避難訓練のときでも出席簿を持って外に出ることや、文房具などの必要なものがどこでもらえるか、また評価を目的とした授業観察のときには何を求められているかなどです」

二回の昼食会を経て、メンバーたちは日常的にサポートができる関係になっていきました。四階建ての建物の中の誰がメンバーなのかが新任教師たちに分かるように、美術教師がマリーゴールドをフェルトでつくり、メンバーたちは昼食や職員会議につけていくようにしました。

「メンバーたちは、メンター・チームがなければつくり上げられなかったであろう関係を築くことができました」と、ラバール先生は言います。そして、新任教師たちは、「次年度もクラス運営で助けを求めたり、クラス活動に参加してもらうことについてお願いしやすくなっている」と言っていました。さらに、メンター・チームによる集まりに参加することで新任教師同士のつながりができたという、予期していなかった効果も見られました。

「新任教師たちはお互いを分かり合えたので、自分たちで仲間意識をもちはじめました」と、彼女は説明しています。

一方、校長のロキシー・オバーグ先生は、ビンガムトン高校ではメンター・チームをより大きくしていくつもりだと言っています。

「新任教師たちをサポートすることは非常に重要なことだと考えています。それは、最初の一年だけではなく、その後においても続けるべきことです。それゆえ、私たちは次世代のサポートする教師を育てなければなりませんし、対等で互いに支え合う教師のコミュニティーづくりを続けていかなければなりません」

新任教師をサポートすることは、お金もかかりませんし、複雑なものでもありません。新任教師の成長をサポートするために授業観察を行ったり、そのための書類も必要としません。また、チェックを必要とする事柄の列挙も不要です。それらは助けとはなるでしょうが、感情を揺さぶられたり、時には頭がおかしくなりそうな、教師として行うべき授業やクラス運営の最初にはあまり必要とされるものではありません。

周りとの関係性ほど大切なものはありません。メンター・チームの存在は、教師たちを一つにまとめ、成長し、学び続け、新たな一年を楽しみにさせてくれるものになります。

ハック7

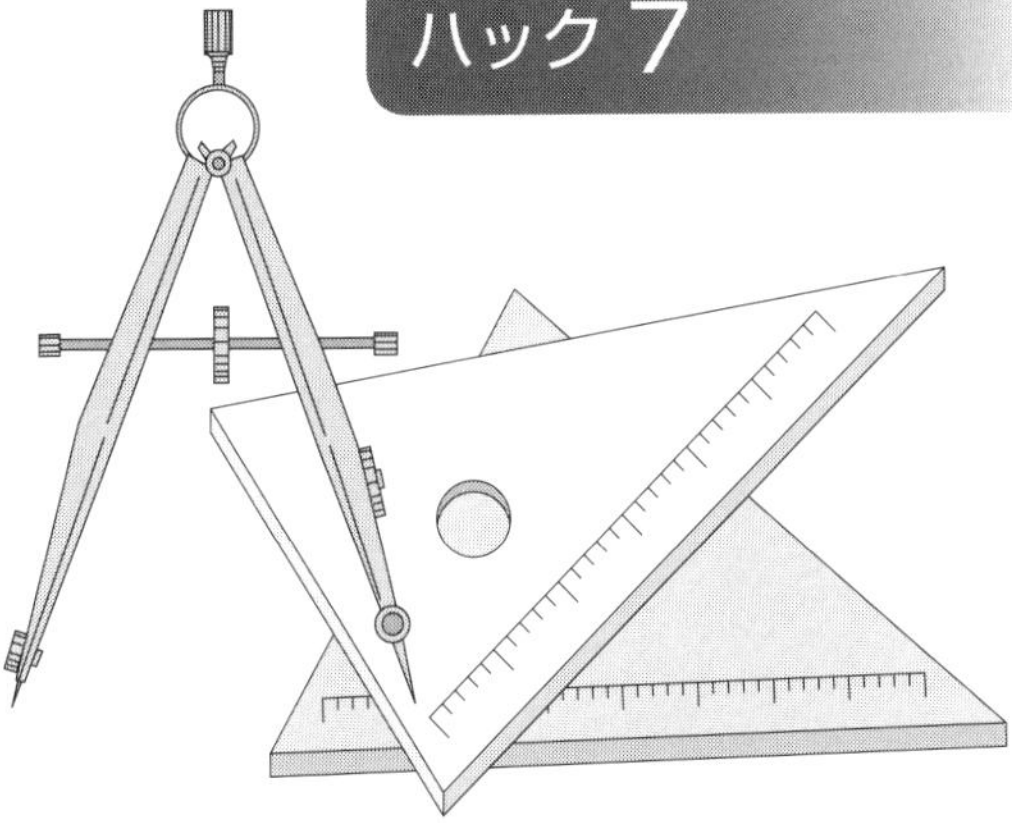

授業内反転授業

反転授業を授業内で行うことで
難しさを乗り越える

壁にぶちあたったら、向きを変えたりして諦めたらだめだ。どうやったら壁を乗り越えられるのか、通り抜けられるのか、回り込めるのかを考えるんだ。

(マイケル・ジョーダン)*

(*) (Michael Jeffrey Jordan) NBAのバスケットボール選手でした。現在は実業家として活躍しています。

問題――反転授業は家庭学習の部分がうまくいかない

反転授業については、教育現場では広く知られてきました。授業で内容が説明され、応用問題や復習を宿題として行われるこれまでの授業形態とは異なり、反転授業では順序が逆になります。内容の学習は家で（多くは動画などで）行われ、教室で応用問題や練習に生徒と教師が一緒になって取り組むことになります。

この授業の進め方は、教師の専門性は生徒が応用を行う段階においてより重要になってくるという考えに基づいています。内容説明が動画などで行われることによって、生徒が学習事項を使って議論や練習、ロールプレイをしたり、シミュレーションを行ったり、探究したり、体験活動(1)などをする際、教師が生徒としっかりかかわることができるようになるからです。

ただし、必要不可欠なことがあります。このような反転授業が成功するためには、家庭学習が確実に実施されなければならないということです。内容を家で学んで来なければ、生徒は授業で応用することができないからです。生徒が家庭学習を行うためには、ディバイスやしっかり整ったインターネット環境、集中するための場所が家庭に必要となります。しかし、多くの家庭においてこの三つが揃うことは期待できるでしょうか。これらすべてが揃っていたとしても、確実に使えるかどうかという点では疑問が残ります。

教師のなかには、このような課題が複雑に絡み合うことによって反転授業をやめてしまう人もいます。彼らは、反転授業は一過性の流行りであるとか、うまくいくものではないとしたり、起きうる問題に対してやってみるだけの価値がないと感じています。これは残念なことです。多くの場合、このような教師は、生徒と直接かかわるべき時間を講義やデモンストレーションに割いてしまい、学習内容を提示するといった役割に戻ってしまいます。

家庭学習が難しい環境にある生徒は、どのように反転学習の恩恵を受けることができるでしょうか？　すべての反転学習のプロセスが学校内で完結するならばどうなるでしょうか？

（1）これらの活動を紹介するのにピッタリの本が何冊かあります。『退屈な授業をぶっ飛ばせ！――学びに熱中する教室』と『私にも言いたいことがあります！――生徒の「声」で授業をつくる（仮題）』です。話し合い活動に焦点を絞った本としては、『「学習会話」を育てる（仮題）』、『最高の授業』、『読書がさらに楽しくなるブッククラブ』があります。探究および体験学習は、『だれもが科学者になれる！』、『あなたの授業が子どもと世界を変える』、『ＰＢＬ　学びの可能性をひらく授業づくり』（こちらは、プロブレム学習ですが、プロジェクト学習の翻訳もスタートします）、そして体験学習のなかに含めることができるかと思いますが、紹介者が知るかぎりのベストの教え方は、https://sites.google.com/site/writingworkshopjp/teachers/osusume のリストに紹介されている本です。さらに、『シンプルな方法で学校は変わる』の第３章「やっぱり変えるのは授業から」も参考にしてください。

ハック――授業内反転授業

授業内反転授業は、反転授業モデルをすべて教室の中で行います。iPadやタブレット、パソコンや生徒自身のスマートフォンなどのディバイスを用いて、内容説明の部分（実際の反転授業では家庭で行われる部分）をセンター（センターについては、次ページ以降で詳しく説明されています）で行います。

そうすることで、生徒は家庭で行う場合と同じような方法で授業中に内容を学ぶことができますし、その間に教師は、前回の授業内容や動画で学んだことの応用に取り組んでいるほかの生徒に時間を割くことができます。

授業内容を説明する一〇分の動画があると仮定して、実際の様子を見てみましょう。さらに、六つのタブレットが使えるものと仮定します。教師は、それらのタブレットをまとめて一つのセンターにイヤホンと一緒に配置するとともに、一〇分間の動画がタブレットで見れるようにしておきます。

次に教師は、生徒が動画から学んだことを応用するためのセンターをつくります。そこには、ライティングの課題やディスカションのための指示カード、学習ゲームや練習用ワークシートな

図７－１　各センターで行う学習の例

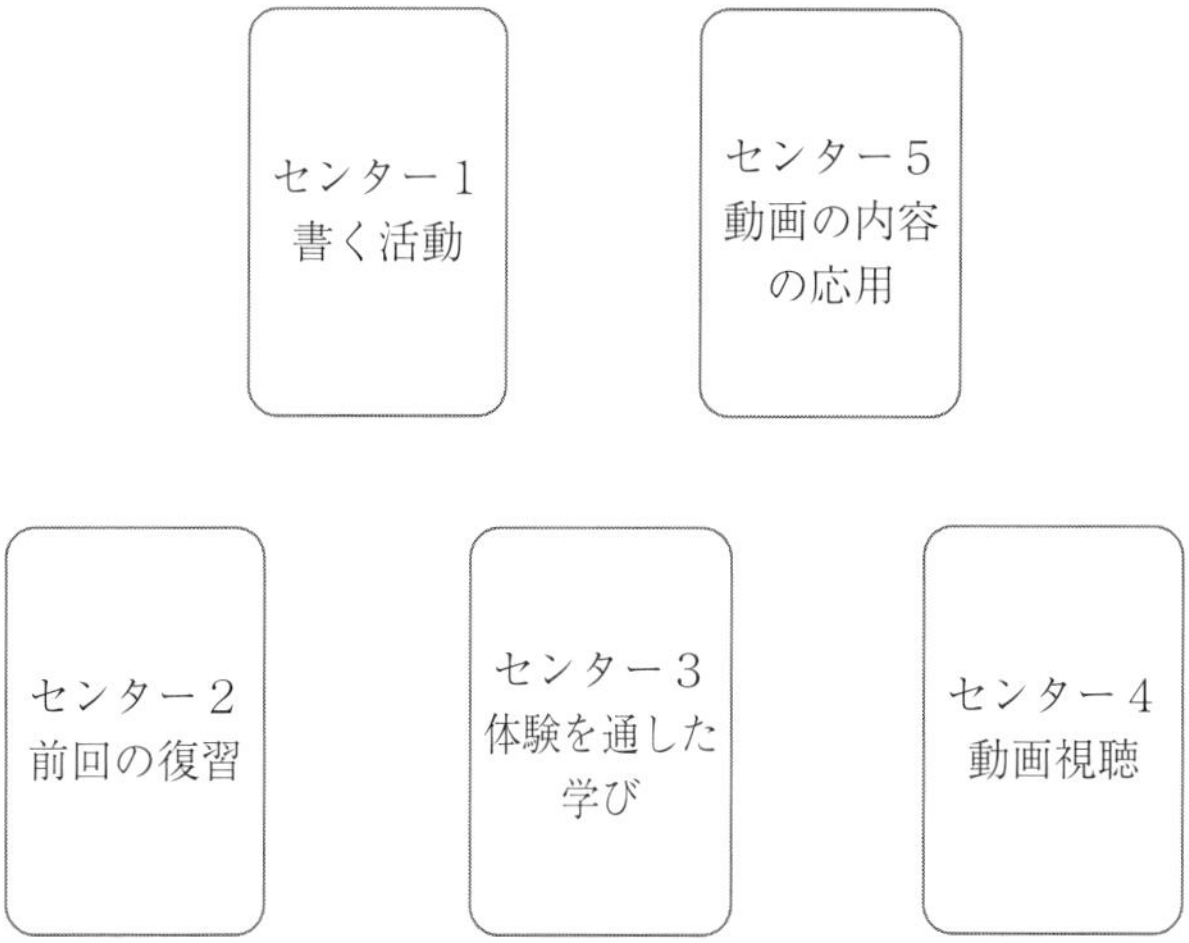

どを置いておきます。生徒たちは、必ず動画を見たあとにこのセンターに行くことになります。

　クラスに二四人の生徒がいるとすると、六つのタブレットしかないためさらなるセンターが必要となります。教師は三つの新たなセンターをつくります。それらのセンターでは、体験学習やスキルの練習であったり、学習ゲーム、さらには前回の学習に関する復習をするなど、動画を見ていなくてもできる活動を用意しておきます。

　生徒が教室に来たら六人のグループに分かれて、それぞれが指定された最初のセンターへと向かいます。「センター５」は動画を見たあとに行くので、最初の時間帯は誰もいない状態になります。

図7－2　実際の生徒の動きの例

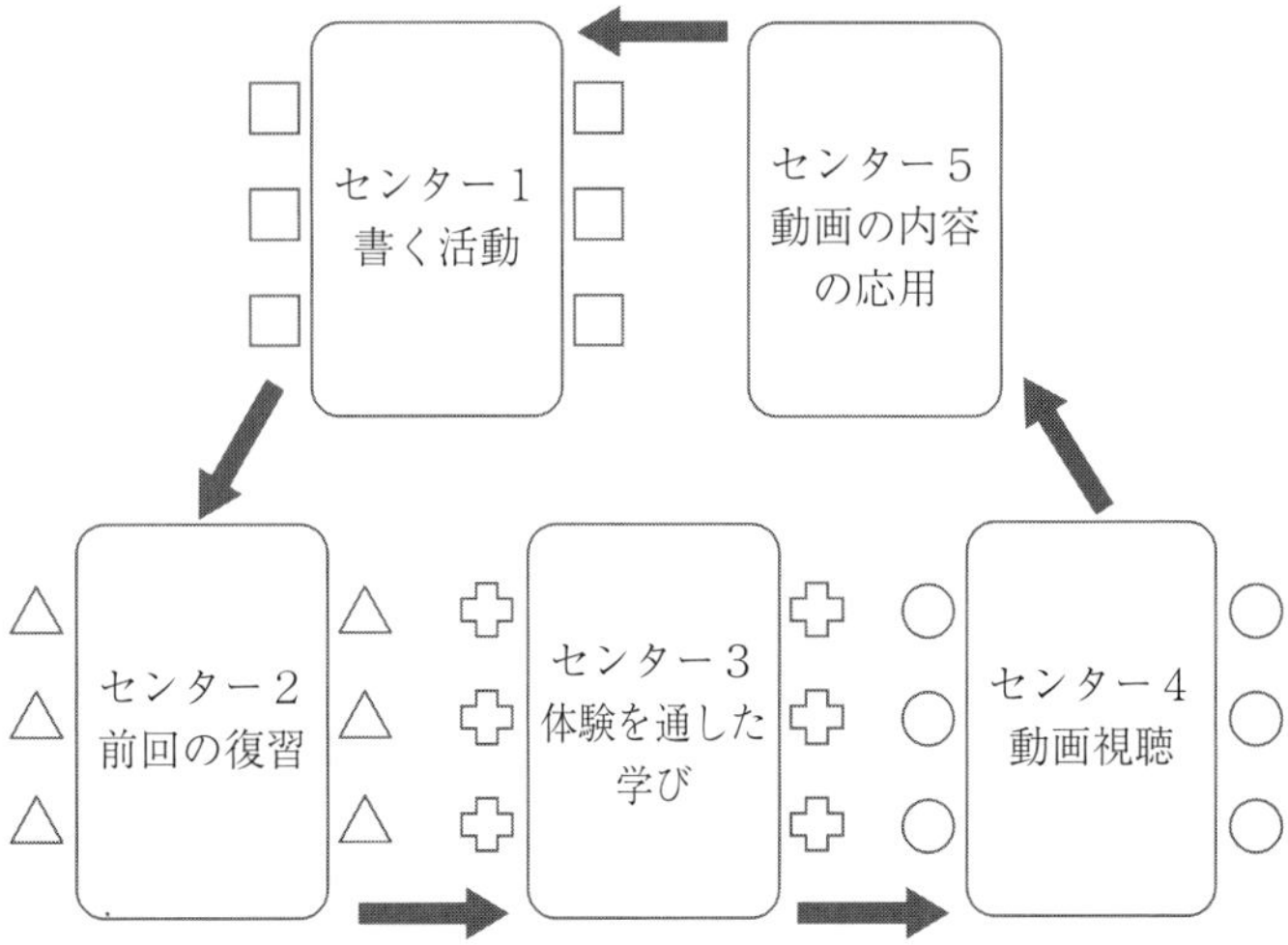

次の時間帯に生徒は次のセンターへ移ります。この回では、最初に動画を見たグループは応用のセンターに移り、学習事項の応用を行います。「センター1」から「センター3」までは基本的な学習活動ですが、「センター4」から「センター5」への流れが、反転授業を取り入れた部分となります。

教師が新しい内容を説明するのではなく、「センター4」で動画によって説明を行うことになります。これによって、教師はほかのセンターを見て回りながら、新しいことに取り組んでいる「センター5」の生徒や「センター1」から「センター3」までの、復習などを行っている生徒に声をかけることができるようになります。

あなたが明日にでもできること

授業内反転授業は事前の計画と準備が必要になってきますが、以下のようなミニバージョンで、どのようなものかをすぐに感じることができます。

授業で使える動画を探す——インターネットで、教えようとしている内容に関連している動画を探します。[2]とくに、まだ教えていない分野のものです。学校でユーチューブが見られない場合は、Vimeo や TED-Ed、TeacherTube を見るとよいでしょう。

動画のあとの活動を考える——動画を見たあとで生徒が行う活動を考えます。たとえば、記述の課題やクイズ、ディスカション、体験的な活動などです。動画で学んだことが応用できるようなものを考えます。

（2）ユーザーが作成した動画を投稿したり、視聴できる動画配信サイトです。商業作品、ゲーム動画などの投稿、転載を認めていないという特徴があります。

一人で行うほかの活動を考える――この活動は、直接的に動画と関連している必要はありません。反転授業を行っていないときのセンターの活動を一つ一つ考える必要はなく、一部の生徒が反転授業を行っている間、それ以外の生徒が個別にそれぞれの活動を続ければよいのです。そうすることで、授業は滞りなく行われていきます[3]。

試してみる――翌日の授業の一部として、動画を見るセンターに生徒を順番に座らせ、動画を見たあとの課題を行ってもらいます。課題に対する質問にはいつでも答えられるようにしておきます。残りの時間は、動画を見ていない生徒たちを対象として個別学習についての説明を行い、取り組むように指示します。

完全な実施へ向けての青写真

ステップ1　使えるものを確認する

教室の中で日常的に使うことができるディバイスを見定めます。事前に撮っておいた動画やインターネット上の動画が見られるものであれば、同じディバイスが揃っていなくてもかまいません。タブレットとラップトップ、デスクトップ、スマートフォンを合わせて一つのセットと考えることもできます。

もし、ディバイスが足りない場合は、生徒がペアになって一つのディバイスで見ることを考えます。一つのディバイスの音を、二つ以上のヘッドフォンから聞けるようにするイヤフォンスプリッターは一〇ドル（約一〇〇〇円）以下で買えます。

ステップ2　反転させる授業を決める

授業のうち、どの部分を動画の説明にするのかを決めます。指導内容を提供する媒体として動画が反転授業における唯一の媒体ではありませんが、もっとも頻繁に使われるものなので、ここで少し説明を加えておきます。

まず、動画の内容は、生徒が一人でしっかりと理解できるものでなければなりません。新しい概念を説明し、具体例を挙げたり、動画のあとに応用として行う体験的活動やスキルの練習に関する短い説明を行っているものです。(4) ただし、生徒は一度に少ししか吸収しませんので、生徒に

(3)　ここの理論的背景および具体的な方法について詳しく知りたい方は、『「学びの責任」は誰にあるのか』が丁寧に解説していますので参照してください。

ノートを取る時間を与えたり、質問に答えさせたり、簡単なスキルの練習をさせたりするなど、区切りをつくりながらどのように動画を見させるのかについて考える必要があります。

ステップ3　動画を録画したり、インターネット上の動画を見つける

ここは時間のかかる部分です。ほかの人がすでにつくっている動画を探すのであれば、EDpuzzle や eduCanon(5)、TED-Ed のようなサイトのライブラリーを見るとよいでしょう。求めている動画が見つからなかった場合には（多くの人にとってはこれが現実です）、自分で動画をつくることを考える必要があります。思っているよりも動画をつくるのは簡単です。(6) パワーポイントやグーグル・スライドでプレゼンテーションのスライドをつくり、そこに説明の声を付け加えます。Screencast-O-Matic や Jing、ShowMe などのソフトを使えばうまく録画することができます。

ステップ4　生徒が見ることができるように動画を保存する

もっとも簡単にできる方法は、自分でユーチューブチャンネルを開設して動画をアップし、リンクを生徒に教えるか、授業のサイトに埋め込むなどして生徒と共有することです。ユーチューブが選択肢として当てはまらない場合は、グーグル・ドライブや Screencast.com などのクラウ

ド上に動画をアップロードします。

iOSのユーザーである場合は、ディバイスからつくったものを直接共有することもできます。何度かクリックしたりスワイプするだけで、iPhoneやMac、iPadから生徒のディバイスへと簡単に共有することができます。このことは、授業内で動画を使うことを驚くほど簡単にしてくれます。

ステップ5　動画を見るセンターをつくる

教室の一角にディバイスをセットします。決められたコンピューター用の場所が

---

(4)　この説明を読んで思い出される方もいるかもしれません。ライティングとリーディング・ワークショップのミニ・レッスンは、まさに同じ目的を設定して五〜一〇分で行われるものです。詳しくは、『作家の時間』、『読書家の時間』、『リーディング・ワークショップ』、『イン・ザ・ミドル』を参考にしてください。

(5)　ともに既存の動画や作成した動画に質問をつけることができるオンラインサービスです。eduCanonは、現在PlayPositに名称が変更されています。

(6)　訳者がこれまで見たなかで一番簡単なつくり方を紹介してくれていたのは、「McCammon Method」です。https://sitetanaka.net/2018/01/13/17668/ や https://sitetanaka.net/2018/01/13/17664/、https://www.youtube.com/user/flippedtraining で見られます。

あればそこに、そのような場所がなければテーブルや机をくっつけて場所をつくります。そこには、どのように動画を見るのか、見終わったときにすべきこと、そして諸注意などが書かれた指示表を一緒に置いておきます。動画を見ながらノートを取らせたい場合には、その指示も書いておきます。

ステップ6 ほかのセンターをつくる

動画で学んだことを実際に活用するセンターを一か所つくります。また、それ以外の生徒が取り組むセンターもいくつかつくる必要があります。いくつのセンターが必要かについては、何人の生徒が同時に動画を見ることになるのかによって変わります。各センターにいる生徒数は一定にすべきで、それは同時に、動画を見ることができる数に合わせる必要があります。最初の時間帯では、動画を見たあとに応用を行うセンターには誰も行きませんので、誰もいないセンターが一つあることに注意してください。

先に挙げた例では、二四人の生徒に対して六台のディバイスを使っていました。すべてのセンターが各時間帯で使用されるとするなら、一つのセンターを六人で使うために四つのセンターが必要となります。ですが、動画を見る前に応用を行う「センター5」に生徒が行くことはないので、最初の時間帯では誰も行かず、空席になっていることになります。つまり、この活動では五つのセンターが必要になるということになりますので、四つでは足りません。

ステップ7　生徒に練習させる

この活動がうまく行われるようになるためには、どのように活動を行っていくのかについて生徒たちが理解しておく必要があります。それぞれのセンターで何をすべきなのかについて生徒に見せ、早く終わってしまった場合には何をするのか、またどのようなタイミングで次のセンターに移るのかについて生徒に理解してもらいます。

生徒がディバイスを適切に使うためのガイドラインをつくることをイメージして、左に挙げた問いにあなたならどのように答えるか考えてみてください。

・次のセンターに行く合図より早く動画を見終わった場合、生徒は画面を消してほかのことをしてもよいですか？
・指定された動画以外に、閲覧してもよいサイトや使ってもよいアプリはありますか？
・もう一度動画を見たい場合、生徒はどうしたらよいですか？
・センターにいるときや移動する際、生徒はどのように振る舞うべきですか？

ステップ8　振り返り、繰り返す

最初の試みを振り返り、どうしてもうまくいかなかったことなど、次回に向けて変更すべき点があるのかについて考えます。思ったよりも時間がかかってしまった活動はなかったか、センターの移動はうまくいったか、教師によるサポートよりも問題への対処が必要となってしまったセンターはなかったか、動画に対する応用の活動は適切であったか、何かほかにより良くできることはないか、などについて振り返ります。

内容および教師と意味のあるやり取りをたくさんもてることが目的であることを生徒に思い出させながら、生徒にもフィードバックを求めましょう。この新しい取り組みがうまくいくようになるまでには多少の時間がかかりますが、確実に深い学びが起きるものですから、時間をかけるだけの価値が十分にあります。

課題を乗り越える

課題1　これはブレンディッド・ラーニングで何も新しくありません

授業内反転はブレンディッド・ラーニングの一部であると考えられ、そのなかでも、より指導が確実に行きわたる方法を示したものだと捉えられます。ブレンディッド・ラーニングとは指導方法の大枠を意味するもので、これまでの対面式の指導と、動画やウェブサイト、オンライン上のディスカションなどのオンラインリソースを活用した方法を結合した授業を指すものです。オンラインでの学びとこれまでの指導方法を使っていれば、ブレンディッド・ラーニングと呼ばれるものとなります。

授業内反転は、この大枠の捉え方をより具体的な方法に落とし込んだものと言えます。反転授業の流れを用いてセンターを回るようにすることで、従来の対面式授業の内容説明が明確な意図をもって選択した教材に置き換えられますので、より深い探究の時間をつくり出すことが可能となります。

課題2　自分で動画をつくる時間がありません

確かに、求めていることにぴったり合う動画を探すのには時間がかかりますし、動画をつくるとなるとより時間がかかります。ほかの技術と同様、最初の数回は非常に時間のかかるものとなるでしょう。しかし、何度か行うことで徐々に時間は短縮できます。

初めはシンプルなテーマを選んで、長くて複雑な動画をつくらないようにしましょう。自分自身で「これくらいでよい」と思える余裕をもってください。美しく、完璧に編集されたものを求めてしまうと、いくら時間があっても足りなくなります。ほどほどで納得することが大切です。動画は再利用することができるため、この活動を続ければ、動画制作にかけた時間が無駄になることはありません。

課題3　反転授業の目的は、教師が生徒とかかわる時間を増やすことだと思っていました。動画を授業中に見るようにしてしまったら、その時間が減ってしまうのではないですか？

ある程度はそのとおりです。そこが、この活動がハックたる所以です。内容の解説は授業の時間を取ってしまいますし、実際の反転授業におけるよい部分のすべてを取り入れているわけではありません。しかし、実際の反転授業にはない部分ももち合わせています。生徒が内容の解説にしっかりと触れていることを教師は見ることができますので、より丁寧な指導を行うことが可能となります。このようなことは、内容の解説を家庭で生徒が学んで来る場合には行うのが難しいものです。

教師がそばにいることで、生徒は必要であれば質問をして確認することができます。家では、動画がはじまった最初の数分で分からなくなった場合、残りの一〇分は混乱したままでいなければなりません。教師が近くにいることで、すぐに質問ができ、動画などからより多くのことが学べるのです。この活動は、実際の反転授業を行う事前段階として、とてもよいものとなります。

生徒が授業内反転授業のサイクルに慣れ、動画の視聴方法や、そのあとに求められる課題で内容の理解を示さなければならないということを学んだら、彼らは実際の反転授業をする準備ができていることになります。つまり、家で学習を行ってくることができるようになっているということです。

課題４　ＩＣＴを使うのは嫌です。必ず何か問題が起きるからです

よく分かる懸念事項です。ＩＣＴにかかわる問題は、三つの方法で最小限に抑えることができます。

①生徒に対して行う前に予行演習をしてみる。いくつかのディバイスで、適切に動画にアクセスできるかについて、授業をはじめる前に確認しておきます。

②常に予備の活動を準備しておきます。もし、動画がうまく見れなかった場合には何をするのか考えておきます。ほかの活動を行えるようにしたり、活動的な部分は減ってしまいますが、動画と同様の内容を伝える紙ベースの資料を用意しておきます。

③何か問題が生じたときに手伝ってくれる人を確保しておきます。ＩＣＴが得意な人に、いつ授業を行うかを伝えておき、何かあったときに助けてもらえるようにしておきます（周りにＩＣＴが得意な人がいませんか？　「ハック５」を読んでみてください）。

ハックが実際に行われている事例

マーク・レヴェゾウ先生は、ウィスコンシン州のオモロ小学校で五年生の文学（国語）と社会を教えています。彼は、「ハック7」で紹介したようなやり方で生徒を教えています。レヴェゾウ先生は、「地方にある学校なので、多くの生徒がディバイスを持っていなかったり、インターネットアクセスがありません」と言います。しかし、授業の一部を反転させることで、家庭のＩＣＴ環境に頼ることなく、動画を使って学ぶことの利点を活用しています。

「グーグル・クラスルームを使っています。ミニ・レッスンの動画はScreencast-O-Maticで作成し、ユーチューブのアカウントへアップロードしています。さらに、eduCanonを使って動画に関する質問を載せています。回答は、eduCanonで自動的に採点されます。その結果を見て、生徒が誤解したり、理解できていなかったりしている部分を判断し、少人数のグループで教え直したり、もう一度動画を見たりしています。このようなブレンディッド・ラーニングの側面は、文学（国語）と社会の授業における四つのセンターの一つで行われています[7]」

レヴェゾウ先生は、動画の作成には時間がかかると言いますし、教室のＩＣＴ環境も十分なものではありませんが、彼はこの活動のよさを認めています。

「この教え方は私に時間を与えてくれるし、必要としている生徒に少人数のグループで教えることが可能となります。生徒もとても気に入っています。彼らは、クロームブックで動画を見ることでとてもやる気が出ているようです」

新しいことに挑戦してはみたものの、うまくいかなかったときは、すべてを諦めて今までどおりのやり方に戻ってしまうものです。しかし、少しの修正と創造力によって新しい方法のよい部分を取り出すことができ、自分の置かれた状況で活用していくことができます。

反転学習は、実際のものでも、このハックで紹介した方法でも、教師が生徒と学習内容にかかわる時間を増やしてくれます。これは、私たちが実現すべき目標なのです。

---

(7)　センターのつくり方については、『ようこそ、一人ひとりをいかす教室へ』（とくに第7章と第8章）が参考になります。今回のコロナウィルス騒動でオンラインの授業等が展開されたところもあることを考えると、今後はこの形式の授業が当たり前になる可能性すらあり得ます。

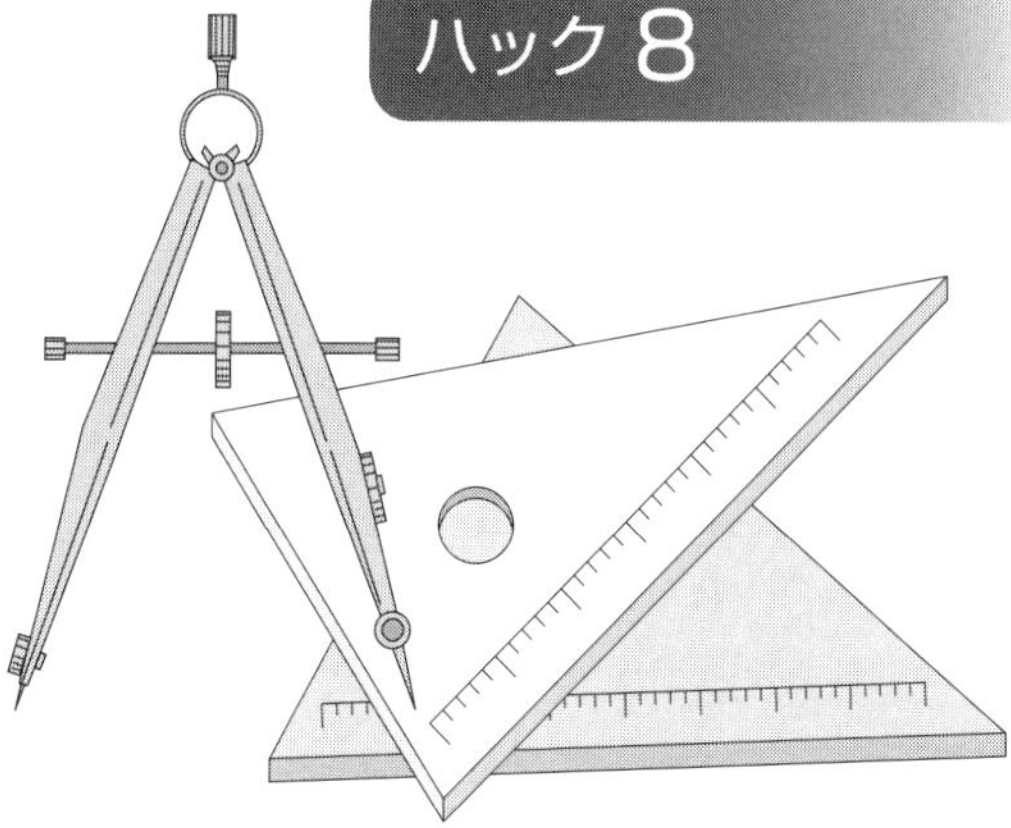

図書コーナー

本を集めて学校全体で読むことに慣れ親しむ

**知りたいことはすべて本の中にある。
そして、親友とは、まだ読んでいない本を
紹介してくれる人である。**

（アブラハム・リンカーン）*

（＊）（Abraham Lincoln, 1809～1865）第16代アメリカ大統領で、南北戦争時の大統領でした。

問題——本に触れなくなっている

二〇一四年、国際連合教育科学文化機関（UNESCO）は、世界中の一億二〇〇〇万人もの青少年が本を読むことができない環境にある、と発表しました。この数字と、八億人と言われる読み書きのできない大人を合わせると驚く事実が明らかになります。世界人口のほぼ七分の一の人が、読み書きができないということになるのです。この統計は衝撃的であり、多くの政治家や教育学者もその重要性に気づいています。それゆえ、読解力を上げるための取り組みはこの数十年間で急激に増えています。

しかしながら、いまだに読み書きのできない人の数は減る傾向を示していません。何百何千もの読解力向上プログラムが開発されてきた事実を鑑みると、この現状は驚きでしかありません。なぜ、子どもたちは読むことができないのでしょうか？　この問いに対する明らかな答えが一つあります。子どもたちが読まないのは、読む本が手に入らないからです。

多くの場合、これは貧困に関連した課題となっています。言うまでもなく、低所得層は本をあまり持っていません。さらに、住んでいる地区によい図書館がないのです。ここでは貧困を解決する方法に関しては扱いませんが、受け入れることのできない、読むことに対する問題はハックして解決していくことができます。必要なのは「本」と「場所」だけです。

ハック――「図書コーナー」をつくる

学校のなかには、大学と同じように本屋があるところがあります。生徒は、そこで文房具やさまざまな種類の本を買うことができます。本屋と同じように「図書コーナー」にも本が置かれていますが、これらは売り物ではありません。

生徒は、いつでも本を手にすることができます。「図書コーナー」では、置かれている本を自由に手にすることができます。ここには図書館のような貸し出しシステムもありませんので、借りるわけではありません。もちろん、買うわけでも、もらうわけでもありません。ここに置かれる本は生徒全員のものとなっており、気に入った本は、好きなときに好きなだけ持っていってもいいことになっています。「図書コーナー」の素晴らしい点は、生徒たちが本を自由に手にすることができ、読むという行為に親しめるということです。

生徒の多くが、自分の本を手にすることができない状況にあるかもしれません。リテラシーのエキスパートで、『読書はパワー』（長倉美恵子、黒澤浩、塚原博共訳、金の星社、一九九六年）

の著者であるスティーブン・クラッシェン（Stephen Krashen）は、「読書をしない子どもたちは、本を手にすることがないから読書をしなくなる」と多くの論文やスピーチのなかで述べています。この問題を解決する方法の一つが「図書コーナー」なのです。

あなたが明日にでもできること

「図書コーナー」の分かりやすさから、その目的に反対する人はほとんどいないでしょう。しかしながら、設置しはじめるにあたっては困難が伴うのも確かです。しかし、ちょっとした創意工夫と根気で、明日にでも「図書コーナー」をはじめることが可能です。慌ててプロジェクトをはじめる前に、まずは以下の手順を試してください。

本を学校に持っていく――「図書コーナー」をつくる際にまずすべきこととして、場所を決めることだと考えてしまうでしょう。もちろん、それも当然なのですが、多くの場合、場所を選ぶことはすぐにできるようなことではないのです。場所を決めるには時間と計画が必要となりますが、生徒のために本を選び、学校に持ってくるだけであれば、明確なビジョンをもった一

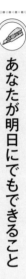

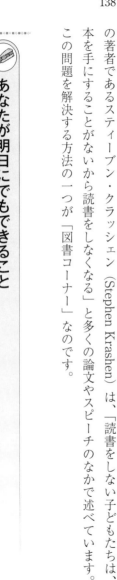

人の教師がいれば可能です。自宅の本棚から本を選び出すことからはじめましょう。この方法は本章の後半で紹介するナップ小学校で実際に行われ、非常にうまくいきました。

また、不要となった本を近所の人に提供してもらうこともできます。このハックのためであれば、協力してくれる人が必ずいます。同僚や友人、生徒の保護者などにもＳＮＳやウェブサイト、ブログなどを通じて、学校に提供できる本がないかと頼んでみるのです。

一つの教室ではじめる――「図書コーナー」を学校規模で実施する前に、自分の教室内に小規模の「図書コーナー」をつくることからはじめます。生徒たちに、家から持ってきた本や友人から譲り受けた本を見せ、自由に本を読む場所については生徒とアイディアを共有します。「図書コーナー」は図書館ではありません。そこにある本は生徒みんなのものであり、好きなときに好きな本を持っていってもよいということを生徒に伝えます。

生徒に本に触れさせる――たとえ一人ひとりの生徒にわたすだけの本が集まらなくても、生徒には集めた本を見せましょう。本に触り、表紙を見たり、ページをめくったり、匂いを感じたり、最初の数ページを読んでもらったりするのです。本を読むことの価値を伝えましょう。「私たちみんなが読み手」、これがスローガンとなります。

本をもらうことを宿題にする——価値のある宿題があるとすれば、まさにこれこそが「それだ」と言えます。「図書コーナー」をはじめたら、通常の宿題をやめて、生徒に本というお宝を探してくるように伝えるのです。

「図書コーナー」に提供してもよい本を最低一冊、次の日に持ってくるように伝えます。あなたが数学の教師であるなら、生徒はこの宿題を歓迎するはずです。多くの生徒にとって、数学と読むことは同じではないからです。こうすることで、数学の教師でも「図書コーナー」に数学に関連しない多様な本を置くことができます。

完全実施に向けての青写真

ステップ1　チームをつくる

効果的な「図書コーナー」は、本を読むことが何よりも好きな人たちによってつくられ、愛される場所となります。本好きの人を探し、彼らにこのプロジェクトのメンバーになってもらうのです。メンバーは、国語の教師である必要はありません。本が好きで、進んでかかわってくれる人であればよいのです。

必須ではありませんが、かかわってもらいたいのは、学校司書、本好きな保護者、最低一人のリーダーとなる生徒、地域の会社経営者、地域の図書館か本屋の代表、そしてプロジェクトや人々をまとめるのに長けた人物です。もし、プロジェクトのリーダーをやる人が誰もいない場合は、主要メンバーの役割を少し減らして、「図書コーナー」を管理するための時間がとれないかと考えます。

ステップ2　使える場所を探す

ほとんどの学校には、このようなプロジェクトのために提供できるだけの場所がありません。創造力を働かせましょう。「図書コーナー」は、大きなクローゼットや廊下にある壁の窪み、また教室の壁に設置されている棚を使ってもよいのです。このあとの「ハックが実際に行われている事例」（一四九ページ）を読めば、「図書コーナー」をどこにでもつくれることが分かります。

ステップ3　イメージをつくる

スターバックスやアメリカの典型的な本屋は、[1]読書を楽しむ人を惹きつけています。落ち着い

（1）大手の本屋や古本屋には、静かに読める場所や喫茶店を併設しているところが多いです。

ていて、おしゃれな場所だからです。「図書コーナー」を立ち上げるときには、このことを意識して、すべての子どもたちが行きたくなるような場所にする必要があります。みんなの中心にいる生徒、ちょっとオタクな生徒、ひねくれ者、真面目な生徒、運動が好きな生徒など、すべてです。理想としては、長く滞在できるための寛げる椅子やソファー、ビーンバッグ、さらに自動販売機などがあると完璧です。本棚が並んでいるだけの倉庫で、本を取ってくるだけといった場所にならないように工夫をしてください。

「図書コーナー」の名前を生徒に募集するのもいいでしょう。そうすれば、より生徒を惹きつけることになりますし、連れだってその場所に引き込むことができます。考え抜いた演出をすれば、「図書コーナー」に行かないとよい機会を逃してしまうと思わせることもできますので知恵を絞ってください。

ステップ4 支持者を見つけだす

億万長者のような人である必要はありませんが、ある程度の本を譲ってくれる人とつながることが重要となります。これらの人の多くは、日常的に本とかかわっているはずです。また、チームのメンバーの誰かが地域の図書館

> スターバックスやアメリカの典型的な本屋は、読書を楽しむ人たちを惹きつけています。落ち着いていて、おしゃれな場所だからです。

へ行って、「手を貸してもらえないか」と相談する必要もあります。図書館では定期的に蔵書を処分しています。図書館司書がこのプロジェクトを理解すれば、快く本を譲ってくれることでしょう。

また、本を譲ってくれる人に、読み手を育てるという重要な役割を担っていることを認識してもらいましょう。そうすれば、年間を通して本を譲ってくれるようになるはずです。

地域にいる、ほかの起業家たちの存在も忘れてはいけません。小さな企業などをできるかぎり探し、経営者[(2)]にこの重要なプロジェクトにかかわってもらえるように依頼しましょう。彼らは、定期的に本を譲ってくれるほか、購入資金まで寄付してくれるかもしれません。

ステップ5　「図書コーナー」を管理する

適切な管理システムがないと、たとえ国会図書館を超えるような蔵書や広い場所があっても「図書コーナー」は失敗してしまいます。適切なルールを考え、目立つ場所に掲示しましょう。整理整頓をすること、コーナーでの態度、同時にコーナーに滞在できる人数、一日に持っていける本の冊数などを決めておく必要があります。言うまでもなく、不用品の交換会ではありません

(2) あるいは、ロータリークラブ、ライオンズクラブ、青年会議所などの団体も!?

ので、読み終わった本はきちんとコーナーに戻すようにしなければなりません。

本に分類番号をつける必要はありませんが、ある程度決まった置き方が必要になるでしょう。まずは、ジャンルごとにラベルを貼ればよいでしょう。もちろん、著者名やタイトル、テーマなどで整理できるようにしてもかまいません。どのような方法を取るにしても、常に整理されているようにしておきます。そして、プロジェクトチームの全員が「図書コーナー」を管理するようにします。これらのことが手間のかかるような雑務になってしまうと、長く続けることが困難になってしまいます。

ステップ6 生徒と教師を「図書コーナー」へ招く

これは「フィールド・オブ・ドリームス」ではありません。コーナーをつくれば人が来るというわけではないのです。野球ではなく、本について話しているのです。残念なことに、多くの子どもたちは本を読むことが嫌いです。その理由は、本を持ったことがないからです。「図書コーナー」は、このような子どもたちの考え方を変えることができます。ただし、かかわるすべての人がこのことを信じていなければなりません。教師たちに、「図書コーナー」へ生徒を連れていくようなツアーを授業として計画してもらいましょう。

ステップ7　とにかく宣伝をする

生徒が「図書コーナー」へ本を持ってきたり、「図書コーナー」から本を持って帰る様子を写真に撮りましょう。また、生徒が本を読んでいる様子を動画に撮りましょう。そして、これらを学校のホームページやＳＮＳに掲載していくのです。それぞれの写真や動画には、本を譲ってくれるように必ず「お願い」をつけましょう。本の寄付に関しては広まりやすく、このプロジェクトのために、定期的に本を寄付してくれる人がすぐに増えていくはずです。

ステップ8　常に集め続ける

営業をしている人は、ＡＢＣ（Always be closing）ルール、つまり「常に契約を目指せ」に従って仕事をしています。オリジナルのＡＢＣルールをつくり、蔵書を増やしていきましょう。あなたとプロジェクトメンバー全員が本の収集者です。本は必要不可欠なものですから、集める際には厚かましいくらいの姿勢が必要となります。

生徒には、中古本をもらえそうな場所や人のリストを与え、本を集めるように教えましょう。そのリストには、友達、親戚、フリーマーケット、古本屋、そして地域の図書館などを載せることができます。プロジェクトメンバーは、常に本を探し求めなければなりません。友人や家族には、フィクションでもノンフィクションでも、どんな本でも必要であると常に伝えます。そして、それらの本すべてをもらいましょう。

「図書コーナー」には必要でない、また年齢に合わないからといって、譲られてくる本を拒否してはいけません。とりあえずもらってから、コーナーの管理責任者が選別すればよいのです。最初の目標は、とにかくたくさんの本を手に入れることです。

ステップ9　生徒に任せる

プロジェクトのメンバーが何もしなくても「図書コーナー」がうまく運営されるようなったら（一年か二年かかります）、生徒に管理を任せます。小学校段階では難しいかもしれませんが、中学校や高校であればしっかり指導すれば問題なくできるはずです。

「図書コーナー」は生徒のものであり、うまく運営して、より良い空間になるよう生徒に任せていくのです。

> 最初の目標は、とにかくたくさんの本を手に入れることです。

課題を乗り越える

課題1　読むことに慣れ親しんできていない中高生には遅すぎます

遅すぎるということはありません。もちろん、小学校三年生レベルの読む力しかない高校生に本をわたすだけでは何も変わらないかもしれませんが、その本が、生涯にわたって読むことを続けていく重要な第一歩となります。読むことに慣れ親しんでいない生徒を「図書コーナー」へ連れていって、さまざまな本を見せるのです。何に興味があるのかと尋ねて、それに関係する本を見つけます。

本をわたして、「これがあなたの本です」と伝えれば、彼らは読みたくなります。もちろん、そのあとも声かけを続けていくようにしましょう。彼らは、うまく読み進むことができなくなったら、すぐに読むことをやめてしまいますから。

課題2　これは第二の図書館ではないのですか？

よい「図書コーナー」には広いジャンルの本がたくさん集まるため、図書館に似たものになっていくでしょう。「図書コーナー」の特徴であり、図書館との大きな違いは、貸し出し手続きを必要としないことです。本は「学校にいるみんなのもの」なのです。

課題3　簡単に言っていますが、かなり大きな仕事ではないですか？

はい、かなり大変な仕事です。本書で紹介しているハックは、すべてシンプルなアイディアで課題を解決するものです。本を提供することは、まさに「それ」だと言えます。もっともシンプルで、人生を変えるようなプロジェクトですが、多くの時間と労力が必要となります。それでも、よいチームと数人のサポーターから支援を受けることができれば、今まで行ったもののなかで、もっともやりがいを感じるものになります。

多くの学校において教師は、プロム（卒業パーティー）を企画し、ロボティクスチームを指導し、卒業アルバムの制作をボランティアで行っています。これらの特別活動は、日常業務のなかでもやりがいを感じるものになっているはずです。

「図書コーナー」を取りまとめる人たちは、ただの収集家ではありません。彼らは、生徒が生涯にわたって読み手となるように働きかけているのです。このプロジェクトは、生徒にも教師にも忘れられないものとなるはずです。

ハックが実際に行われている事例

ペンシルベニア大学で教育学を教える前、ジョー・マッツァ先生はフィラデルフィアのナップ小学校で校長を務めていました。マッツァ先生とナップ小学校の教師数人は、多くの生徒が読書をしないのは本に触れる機会がないからだ、と考えていました。

「私たちは、子どもたちの家にある本の量が読む力と直接的に関係しており、本の量によって読む力が変わるということが分かっていました」と、マッツァ先生は言います。「そのため私たちは、家で子どもたちが本に触れる機会が増えることを願っていました」

マッツァ先生は教師や学校職員、保護者を含めた「学校環境委員会」という活動をはじめました。彼らは課題について話し合い、ナップ小学校の子どもたちのために本を集める方法を考えました。

「私たちの家には、読まれることのない本がたくさんありました。ほかの人たちが、どれだけ同じような状況にあるのか分かりませんでしたが、そのような本を提供してくれるようにお願いしてみました」

地域の人たちは、この要望に対して大きな反応を見せてくれました。ナップ小学校には、四〇

○○冊を超える本が数か月で集まったのです。この巨大とも言える蔵書が少なくなって来たと感じはじめたときにプロジェクトチームは、「スカラスティック」という出版社に声をかけました。すると、この出版社から二〇〇〇冊ほどの本を寄贈してもらい、読むことに飢えた子どもたちにわたすことができるようになったのです。

マッツァ先生とプロジェクトチームは、通常は本を置かないようなところにもこれらの本を置くようにしました。昇降口に本棚を置いたり（これが理由で、保護者が本を提供したいときに置いていきやすくなりました）、行事が行われることの多い体育館の周辺に置いたり、人通りの多い廊下にも置きました。

「本が戻ってくるかどうかについては気にしませんでした」とマッツァ先生は言います。「とにかく、本が子どもたちの手にわたってほしかったんです」

夏休み前、プロジェクトチームは本を「読みの段階(3)」ごとに分け、生徒のカバンいっぱいに詰めて家に帰らせました。夏休み中も本を読み続けられるように、と思ってのことです。

ナップ小学校の「図書コーナー」は、生徒たちを読み手に育てただけでなく、学校を一つにすることにもつながりました。

「そこには多くの人が集まりました」と、マッツァ先生は言います。「そこは、多様な人たちが出会うことのできる場となっていきました。定期的に受けわたしが起こり、子どもたちに本をわたしたりすることは、地域の人が貢献するよい機会ともなりました。このプロジェクトは、本当に素晴らしい経験でした」

あなたの学校でも、生徒が読むことに慣れ親しんでいないという現状で悩んでいませんか。これまでに、読解力を向上させるさまざまなプログラムをいくつも試してきたことでしょう。それでも多くの子どもたちは読むことをしませんし、これ以上悩みの種となっていることはないでしょう。髪をかきむしり、眉間にしわを寄せる前に、次に挙げたシンプルな質問を自分に対してしてみてください。

私たちが子どもたちに与えることができていないもので、彼らが読むことに慣れ親しむために必要としているものは何でしょうか？

（３）アメリカでは読む力の段階が示されており、生徒の能力に合わせた指導とそれにふさわしい本のリストが存在します。

ここで紹介したシンプルなハックを検討してみてください。本を探し、学校のなかに読むことに親しむ文化(4)をつくり上げましょう。笑顔を忘れてはいけません。世界を変えようとしていることを忘れずに。

---

(4) 生徒に読むことを奨励する本として、本書とほぼ同時期に出版される『読むことをハックする』（第3章では、教室のなかの「図書コーナー」を扱っています）と『学校図書館をハックする』がありますので参考にしてください。なぜそんなに図書コーナー関連の本を出すかというと、日本の学校では読むことがあまりにも軽視されているからです。 http://wwletter.blogspot.com/2019/08/blog-post_9.html

ハック９

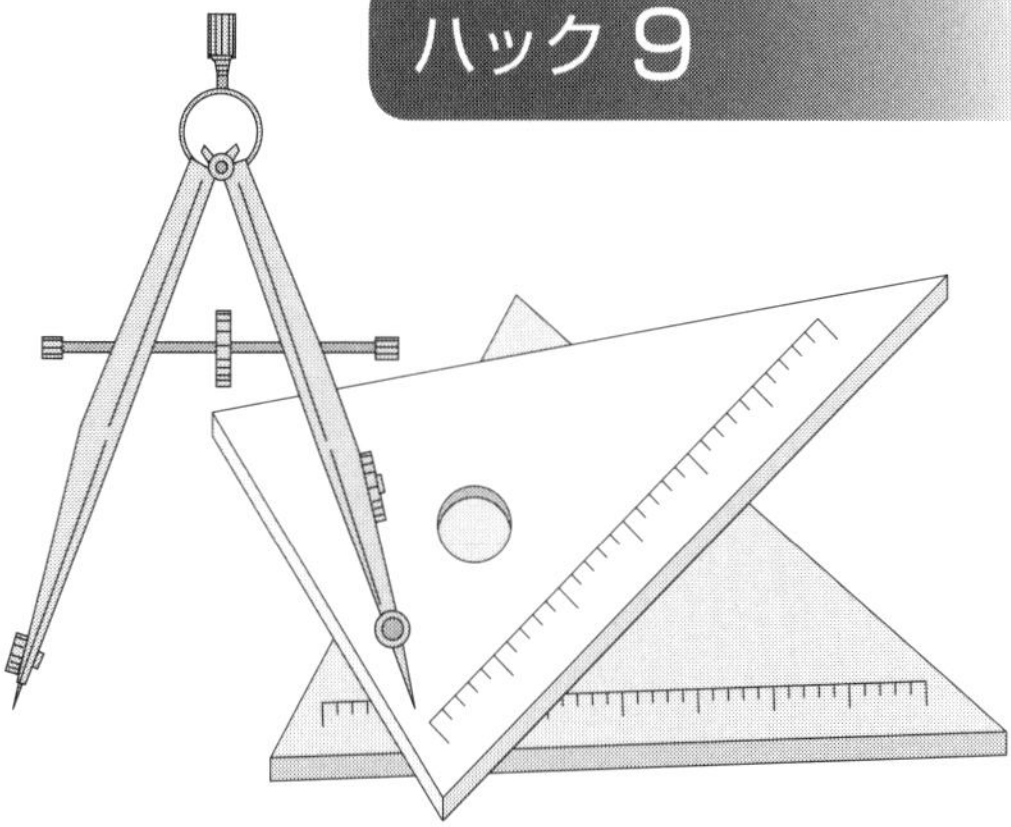

透明な教室

SNS で学びを見せる

**透明性というものは、
建物をそのまま見透すこととは異なる。
それは、物理的なことではなく、知的なものである。**

（ヘルムート・ヤーン）*

（＊）（Helmut Jahn）ドイツ生まれのドイツ系アメリカ人の建築家で、世界中の著名な建築物を設計しています。2007年には、東京駅八重洲口に建つ「グラントウキョウノースタワー」と「グラントウキョウサウスタワー」を建築しています。

問題——教室での出来事は教室の外に出ることがない

教師は壁に囲まれたスペースで教えています。この壁は、すべての人の視線を遮っています。保護者や同僚、管理職、そしてほかの生徒の視線です。何かのデモンストレーションをしても、新しくてワクワクするような内容を教えていても、そのすべてはそこにいる生徒と教師の間で起きたことでしかありません。

もちろん、生徒はノートをとっているかもしれません。プリントをわたしたり、追加情報としてリンク先を教えたりするかもしれませんが、リアルでライブな経験は起きたその瞬間からすぐに消えていってしまいます。教えることは一過性なものという性質が強いことや、多かれ少なかれ、教室は覆い隠されているという事実によって次のような課題をつくり出しています。

・宿題や学校のプロジェクトをサポートしようとする保護者が、課題の意図をつかみきれずに投げ出してしまったり、課題に対する解釈を誤ったり、子どもたちに誤った指示を出してしまったりすることがある。

・欠席をした生徒は、たとえその後に補習や課題を与えられても、その場で行われた授業そのものを経験することができない。

・ほかの教師との情報交換は、何をしたかを伝えるのに留まってしまっており、実際に授業で起きていることを見せるということがなかなか行われない。たとえ、オープンクラス・チャート（「ハック２」参照）を行っても、同じ校舎内にいる教師の授業しか見ることができない。これは、それぞれの時間割などに縛られていたり、ほかの教師に「どのような授業をしているのか」と尋ねることができないという消極的な姿勢に起因している。

もし、教室の壁を取り払い、授業での学びを誰にでも公開することができるようになったら何が起きるでしょうか？

ハック――SNSによる透明な教室の構築

一九二五年、四か月にわたって教育者のマリア・モンテッソーリ（Maria Montessori, 1870～1952）は、壁がガラスとなっている教室を「サンフランシスコ万国博覧会」の真ん中に設置しました。彼女は来場者たちに、アメリカではまだ行われていなかった教育方法である「モンテッソーリ・メソッド[1]」を使って、子どもたちがどのように活動しているか見てもらうことにしたのです。

反応は驚くべきものでした。教室には多くの見学者が押し寄せ、多くの人が繰り返し来場し、見学に訪れました。新聞がこの出来事を報じたことで、モンテッソーリの新しいアプローチはアメリカで注目を集めることになりました。今日においても、商店街や公園にガラスの教室を一時的に起き、モンテッソーリ・メソッドでは何がどのように行われているのか一般に向けて公開することがあります。

一世紀ののち、テクノロジーの発達によって、実際にガラスの教室を造るといった苦労をすることなく、同じ目的のために授業が公開できるようになりました。ＳＮＳやその他のアプリで教室の壁を透明にすることが可能になり、授業における学習活動をほかの人たちと共有することができるようになったのです。保護者、ほかの生徒、同僚、地域の人、さらには興味をもってくれている他校の教師も、どこにいても誰とでも学習活動を共有することができ、経験してもらうことができるようになったのです。

あなたと生徒は、教室のツイッター、フェイスブック、インスタグラムのアカウントで写真や教室の状況を共有したり、お知らせやリマイン

SNSやその他のアプリで教室の壁を透明にすることが可能になり、授業における学習活動を、ほかの人たちと共有することができるようになりました。

ダー、その日の振り返りなどを送ったりすることができます。授業のユーチューブチャンネルをつくれば、授業の一部を動画で見せることもできます。また、ペリスコープのようなライブストリーミング動画を配信できるアプリをすぐに使うことができますし、ほかの人に授業で何が起きているのかをリアルタイムで配信することもできます。

透明な教室における肯定的な部分は、以下のように多岐にわたっています。

教室で起きていることに、保護者がより理解を示してくれます

なぜなら、何が教えられているかをより正確に知ることができるからです。このことで、保護者は授業に関することについてより適切な質問ができるようになり、宿題をする子どもをサポートすることができるほか、教師の目標をより理解するようになるでしょう。

保護者に対して、頻繁にかつ気軽に教室の中が見られるようにすることで、誤解を与える可能性を大きく減らすことができると同時に、もっとも大事な人々と強いパートナーシップを築くことができます。

(1)　最年少棋士である藤井聡太棋聖・王位も取り入れていた「モンテッソーリ教育」は世界中で支持されており、教育界に大きな影響を与えた教育法の一つとされています。これに関する多くの本が出版されています。

欠席した生徒も大きく遅れをとることがなくなります

教室が外からより見やすくなることで、体調を崩して休んだ生徒や、フィールドトリップ、生活指導などで教室を離れた生徒も、授業で行われたことが簡単に知れるようになります。欠席した生徒も補習などを必要としないのです。どうですか？　想像してみてください。

コミュニティーのメンバーがより学校に協力してくれるようになります

地域の政治家や企業家は「すでに学校をサポートしている」と言うかもしれませんが、実際に学校で何が起きているのかについてはっきりと知らない場合は、そのような言葉は抽象的なものになってしまいます。学校のなかを見ることができるようになれば、地域の人たちはより学校の活動に親近感をもつようになり、地域とより強固なつながりを築くことになります。

さらには、資金や資源の提供などに関して、以後協力してもらえる素地がつくられることや、学校教育に対して地域が誇りをもつことにもつながります。

教師のレパートリーが広がります

ほかの教師の実践が知れるようになると、教師が自分のクラスで新しいことに挑戦するようになっていきます。このような現象は一つの学校内に限定されません。教室が透明になればなるほど、校外にいる教師でも見ることができるようになるのです。ネット上で多くの教師が授業の様子を交換しあうようになると、個々の教師のニーズに合った教員研修が日々容易に行われるようになります。

あなたが明日にでもできること

授業の様子を見ることができる教室をつくり出す、誰にとっても、すぐにできることではありません。すべての関係者に情報を提供し続け、新たなICTについても学ぶ必要があります。透明な教室がどのように見えるのかについて今すぐ知りたいのであれば、次に挙げる四つが参考になるでしょう。

クラス用のSNSのアカウントをつくる——管理職の許可を得て、プライベート設定のフェイスブックアカウント、そして担当クラスや授業のツイッターアカウントをつくります。学校でEdmodoなどを使用しているのであれば、すでに保護者や生徒がオンラインでアクセスできる場所がありますので、それを利用してもよいでしょう。

授業を録画する――一日のなかで、説明をしていたり、デモンストレーションをしていたり、文字では表現しにくい活動をしているとき、誰かにスマートフォンなどで録画をしてもらいます（もし、生徒を録画することに関して許可を得ていない場合は、教師だけを録画するようにします）。動画は二分以内の短いものをつくります。録画をする前に、その目的を生徒に説明しておきます。その日の夜、家に帰ってから授業で行ったことなどが見れるという素晴らしさをしっかり伝えておきましょう。

SNSアカウントにアップする――フェイスブックやツイッター、ユーチューブチャンネルに動画のリンクを貼ったり、直接埋め込みます。どのように行えばいいのかよく分からない場合は、その操作を教えてくれる人を探しましょう（場合によっては、一番の適任者は生徒かもしれません）。

アカウントを共有する――メールなどで保護者にアカウントやチャンネルのリンクを送るとともに、その日に何を行ったかについて少しだけ見ることができる短い動画があることを説明します。そして、今後もできるだけ続けることを伝えます。積極的に視聴してもらうために、動画にコメントや質問を書き込んでもらうようにすればよいでしょう。

完全実施に向けての青写真

ステップ１　使用するＳＮＳを決める

共有するためには、どのＳＮＳを使って共有するのかを決めなければなりません。参加を促すとともに、忙しくなりすぎることを避けるために、まずは一つだけ使用するようにします。フェイスブック、ツイッター、インスタグラム、ユーチューブ、Edmodo などのＳＮＳをすべて使うのではなく、まずは一つに絞ってはじめます。生徒や保護者を対象に、よく見るＳＮＳについてのアンケート調査を行い、もっとも多いものではじめるとよいでしょう。

ＳＮＳをはじめるときには、そのほとんどがプライバシー設定の機能をもっていますので、一般に公開するのか、限定された人にだけ公開するのかが選べるようになっていることをふまえておきましょう。どのような設定にするのかは、教えている年代や学年、または学校のＳＮＳに対する考え方によって変わってきます。

ステップ２　内容を明確にする

はじめるにあたって、基本的にどのような内容を共有するのかについて考えておく必要があります。次の質問について考えてみてください。

・授業内での活動動画を毎週一本継続的に公開し、興味深い出来事を紹介するつもりですか？
・その日の授業に関するメッセージを文章で公開するつもりですか？
・取り組む課題について、生徒と保護者が理解を深めるために短い解説の動画を公開するつもりですか？
・公開するのは生徒の振り返りですか？

どのようなものをどの程度の頻度で公開するのがもっとも有意義で興味深いものになるのかについて、生徒と話し合いを行ってください。また、暫定的なスケジュールを決め、誰がその管理人となるのかも決めます。まずは教師が主導するのがよいでしょうが、生徒がオウナーシップをもち、積極的にかかわることでより効果的なものとなります。どのように生徒をかかわらせていくのかについて考えていくとよいでしょう。

ステップ3　ガイドラインを決める

用いるSNSがワクワクするような学びをつくり上げる場となるルールをしっかりと決め、無用な情報が散乱する場となったり、誰も管理をしていない遊び場となって、いじめが起きてしまうようなことにならないよう注意をしなければなりません。生徒と一緒になって基本的なルールを決め、必要に応じて改定していくことが重要となります。

ステップ４　保護者や学校関係者に説明する

管理職や保護者のなかには、ＳＮＳをこのような方法で使うことに対して懐疑的な人もいます。プライバシーの保護やネット上でのいじめなど、安全面において不安に思っているわけです。これらは、適切な情報提供によって少しずつ取り除くことができます。

保護者を含めた学校関係者に直接会って、ワークショップを開いたり、オンライン動画によって何をしようとしているのか、どのようにＳＮＳを利用するのか、プライバシー設定はどのように機能しているのか、どのような内容を公開するのかなどを説明するとともに、生徒と決めた基本的なルールを伝えましょう。

ステップ５　許可を取る

生徒の名前や映像をオンラインで公開する場合には、保護者の許可を取る必要があります。学校によっては、このような使用に関して、すでに保護者から許可を得ているところもあるでしょう。そうでない場合には、このハックをはじめる前に許可を取るようにしてください。

もし、アカウントを一般に公開するような設定で使う場合には、必ず保護者に知らせ、同意しない生徒は映さないようにするといった選択肢を提供しなければなりません。つまり、保護者の許可が取れなければ、動画などを撮影する際にはその生徒を必ずフレームから外し、文章を公開するときにも名前を載せないようにする必要があるということです。

数名の保護者が、子どもの映像も名前も出さないという選択をすることがあります。しかし、選択肢を提供して承諾を得ることで、教育のプロとしての信頼を得ることができます。

ステップ6 公開する

定期的に更新することで、このSNSアカウントは重要な学びの場となります。公開するためのスケジュールを決め、必ず守るようにしましょう。一日一回でも、週に一回でも、定期的に更新することで関係する人たちが投稿を見てくれるようになります。また、宣伝をすることで見る人を大きく増やすこともできます。

もし、一般に公開していくのであれば、保護者や同僚、管理職、地域の人たちに見てもらい、拡散してもらうように声かけをしましょう。学校通信や連絡メールにSNSアカウントへのリンクを貼っておくことは、あなたの情報提供に対して興味をもってもらうためのシンプルな方法となります。

ステップ7　用心深くなる

たとえルールがしっかりと決まっていても、注意深くSNSを管理する必要があります。誰かが新しいコメントをしたり、何かを共有した際にお知らせが届くような設定にしておきましょう。定期的に更新し、アカウントが常に使われていることを示すことが大切です。生徒や保護者、管理職が内容の更新や適切な使用がされていることを確認すれば、SNSに対しての不安が和らぎ、学びにとって便利なツールなのだと認識するようになっていきます。

ステップ8　拡張する

一つのSNSを使うことに慣れたら、共有する媒体を増やしていきましょう。ほかのSNSを使ったり、使っているアカウントのほかの機能を使ったりすることも考えてみてください。たとえば、授業でTodaysMeet(2)のディスカションを実施するとなったときには、そのリンクを共有して外部の人に参加してもらったり、見学してもらうことができます。また、配信用のカメラを設置することができれば、事前にリンクを共有することで、グーグルのハングアウトオンエア(3)などを使って、SNSアカウントで授業などの様子を配信することができます。

---

(2) アドレスを知っている人だけが参加できる限定公開のオンラインチャットです。現在は閉鎖されています。
(3) ライブや録画動画が配信できる無料のオンライン会議ツールで、現在はユーチューブライブへ移行しています。

課題を乗り越える

学びのためのＩＣＴやＳＮＳがどこでも存在するようになったにもかかわらず、いまだにこれらのツールを使うことに反対する意見に出合うことがあります。以下に挙げたのは、透明な教室をつくる際によく登場する反対意見です。

反対意見１　生徒はＳＮＳアカウントをつくるには幼すぎる

いくつかのＳＮＳには年齢制限があり、小学生などはアカウントをつくれないようになっています。もし、それらのＳＮＳを使いたい場合は、教師の名前でクラスとしてのアカウントをつくり、ユーザーネームやパスワードを生徒と共有します。ほかにも、Edmodo や Schoology[4] など、学校向けにつくられたＳＮＳがあります。

反対意見２　子どもたちは、責任をもってＳＮＳを使えるほど成熟していない

正直に言えば、これは多くの大人たちにも当てはまる言葉です。ＩＣＴを適切に使いこなすことは、これからの社会を生きていくうえで必須のスキルとなっています。それを学校で教えなく

てもよいのでしょうか？　もし、教えないなら、いったいどこで教えるというのでしょうか？
一年生にツイッターやインスタグラムをどのように使うべきかを教え、その後、毎年教え続けていくことですべての生徒が使い方をマスターし、学校の外でも学んだことを実践するようになるはずです。

反対意見３　保護者はプライバシーに対して不安を抱いている

まずは、このような不安をもつことは当然だと考え、保護者も計画に参加できるようにしましょう。透明な教室を開くことの意味や目的、何をどのように使うつもりでいるかを保護者に伝えるとともに、許可を得るための書類を必ずわたすようにしましょう。

このハックでは、今まで以上の透明性（ステップ３～５を参考にしてください）を必要としまず。加えて、透明な教室に対して制約が出るかもしれませんが、ＳＮＳアカウントを非公開にすることも考える必要があります。招待された人のみが見られるフェイスブックのページをつくったり、Homeroom（gethomeroom.com）のようなアプリを使ったりすることで、保護者とだけ共有できるオンライン画像や動画のアルバムをつくることができます。

（４）　教育機関向けのＳＮＳおよび、オンライン上の教室をつくる機能をもったプラットフォームです。

反対意見4 授業中に起きていることをほかの人に見られるのはあまり気が進まない

授業の様子を見られるといったことに積極的になれない人もいるでしょう。動画を撮影して共有することになればなおさらです。このような懸念は、自分の授業に対する自信のなさや教師の自己認識、あるいは教師と生徒とのつながりを当事者間に留めておきたいという思いから来ています。

共有するものは、必ずしも完璧である必要はありません。共有する理由は、教師の技術を見せるためではなく、理解を深めることを目指したり、コミュニティーを構築することを目的としているからです。(5)

もし、カメラの前に立つことに抵抗を感じるのであれば、生徒の成果物を共有していくこともできます。さらに、生徒にカメラの前に立ってもらうこともできます。何を共有するかを決めるのは、教師であるあなたです。モンテッソーリの教室がガラスで囲われていたのとは異なり、いつでも必要なときに、壁をつくって見えなくすることができるのです。

反対意見5 保護者は使わないと思う

みなさんと同じように、保護者はメールやメッセージをひっきりなしに受け取っています。確かに、保護者の注意や関心を、透明な教室のＳＮＳアカウントに向けるには困難が伴うかもしれません。フェイスブックやインスタグラムのように、保護者がすでに使っているSNSを使うのであれば、透明な教室のアカウントはすぐに保護者が利用するものの一部として取り入れられることでしょう。

どのSNSを使うにしても、興味深い投稿を最初にいくつかすれば多くの保護者の興味を引くことができ、このアカウントを見てもらえるようになります。逆に、よくある内容ばかりを続けて投稿してしまうと、このアカウントは誰も見ない「廃墟」と化してしまいます。情報を受け取る側のニーズに敏感になってください。

ハックが実際に行われている事例

ニューヨークのフラッシングにあるワールド・ジャーナリズム高校で英語とジャーナリズムを受け持っているスター・サックシュタイン先生も、透明な教室を実践しています。数年にわたっ

（5）翻訳協力者から、「SNSの活用によって、距離が離れていても、時間が合わなくとも、コミュニティーの構築が可能になりますね。コミュニティーの構築を目的にすることで，ハックが進むと思いました」というコメントをもらいました。

て彼女は、授業の活動内容をブログや画像などで共有してきました。二〇一四年の秋、彼女は新たな生徒中心の評価方法に取り組み、その記録をブログやユーチューブ、ペリスコープで発信してきました。

「本当に価値のあることは、学びの場で何が起きているのかを実際に見ることです」とサックシュタイン先生は、自分の授業風景に関して、SNSを通じて共有することの意義について述べています。また、次のようにも言っています。

「生徒にとっても、世界に向けて自分たちがいかに興味深いことをしているのかについて見せることはよい機会となるのです」

ペリスコープの無料アプリを使ってサックシュタイン先生は、自身が持っているスマートフォンで生徒がさまざまなプロジェクトやプレゼンテーションの課題に取り組んでいる様子を記録しています。時折、動画配信中に彼女は、学んでいることについて生徒の意見を求めたり、視聴者からサックシュタイン先生や生徒に対して質問を投稿してもらい、すぐに答えるといった工夫も行っています。

このような動画は、ペリスコープがインストールされているディバイスであれば、ライブで視聴することが可能です。そのため、保護者やそのほかの興味をもっている人たちはリアルタイムで見ることができるのです。サックシュタイン先生は、授業のあと、動画を保存してユーチューブにアップしています。これによって、ライブセッションに参加できなかった人たちも、あとでこの動画を見ることができます。

このようにサックシュタイン先生は、興味をもっている人であれば誰でもこれらの動画が見られるようにしています。そのため、授業で生徒が何をどのように学んでいるのかについて保護者も知ることができますし、管理職も、単発の授業観察以上に彼女の授業に対して深い理解をすることができています。また、動画によって授業の様子を彼女の同僚にも伝えることができますので、同僚をはじめとして、世界中の教師に無料で価値のある教員研修の機会を提供していることになります。

「ペリスコープは、生徒中心の授業がどのように行われているのかを共有するために必要な場です。教室という実際の現場で何が起きているのか、直接見せることができるのです」[6]

このように話すサックシュタイン先生は、実質的に透明な教室をつくり上げていると言えるでしょう。

（6）サックシュタイン先生は、それらの蓄積された資料も活用して、その後、『成績をハックする』と『宿題をハックする』、そして『ピア・フィードバック』（現在翻訳中）を執筆しました。

多くの教師は、自分が行っていることが社会全体に理解してもらえていないと感じています。これまでは活動の様子が見せづらいという環境にありましたが、今はテクノロジーの発展が壁を取り除き、教室でどのような面白いことが起きているのかについて簡単に共有することができます。本当に共有できるのです！　小さな出来事も、その複雑さも、臨場感も、訪問者があたかもその教室にいるかのように感じられるようにすることが可能なのです。

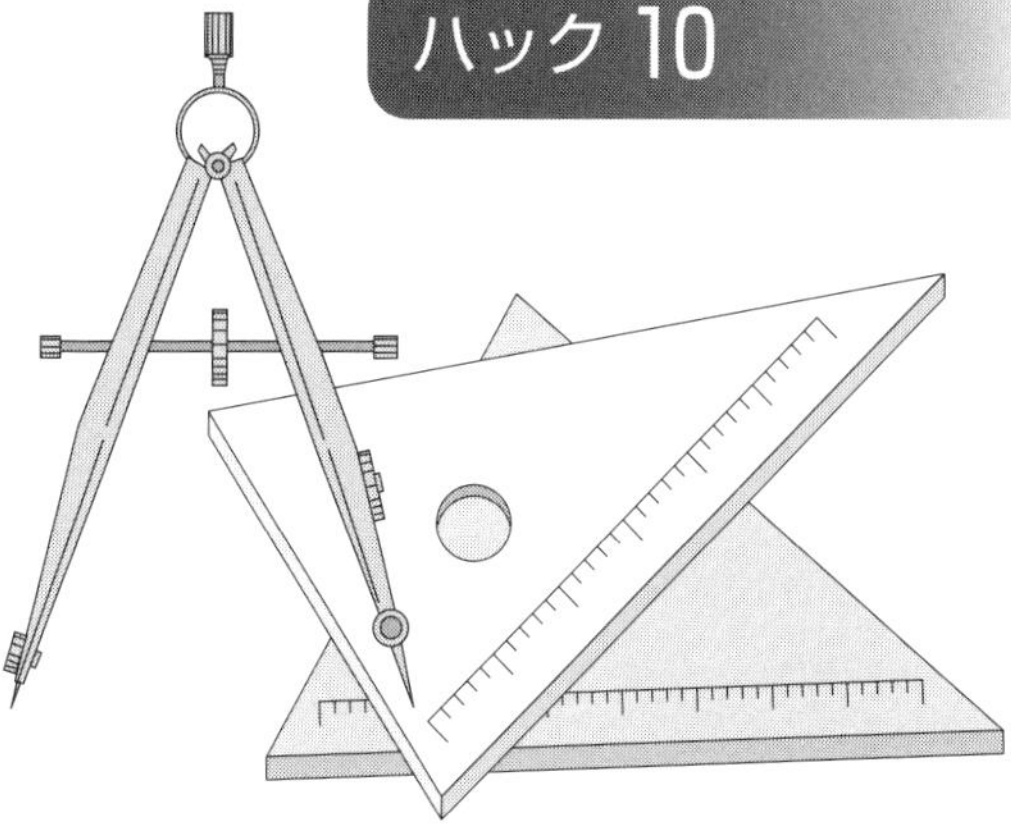

360度の生徒情報

多様な視点から生徒のデータを集める

心で見なくちゃ、ものごとはよく見えないってことさ。
かんじんなことは、目に見えないんだよ。

（アントワーヌ・ド・サン＝テグジュペリ）*

(＊)（Antoine Marie Jean-Baptiste Roger, comte de Saint-Exupéry, 1900～1944）邦訳は、『星の王子様』内藤濯訳、岩波書店、2000年、103ページ。

問題——生徒を数字に置き換えてしまう

一〇年ほど前から、教育界ではデータが重要視されています。データを集めることやデータの分析、データに基づいた意思決定について、社会的な話題となり続けています。データは必要なものですし、これらの数字を集めたことで初めて気づくことのできるパターンもありますし、抜けている部分や不足している部分、十分な部分などを見つけることができます。これによって、どこに強みがあって、どこに手助けが必要なのかが分かるようになります。

また、勉強に取り組む姿勢といった観点などからも、生徒の学びを数字に置き換えることが可能なものがありますので、教師が行っている実践の改善を助けるものとなっています。

とはいえ、それだけでは十分とは言えません。生徒は、もっと多様な「データ」をもった存在だからです。学業面での成功は、多くの要素が絡み合って達成されます。家庭環境や課外活動への取り組み、健康状態、そして学業以上に情熱を注ぐものなどです。これらは数字として測ることが困難なため、私たちは安易に数字にしやすいものに着目してしまっています。

二〇一五年の春、デンバー小学校のカイル・シュワーツ先生(1)は、ライティングの授業において、「先生が〇〇〇を知ってくれていたらいいのに」という一文を完成させるよう生徒に言いました。

生徒の反応は予想外のもので、心を揺さぶられるようなものもありました。シュワーツ先生がこれらのいくつかを紹介しようとＳＮＳに投稿したところ、数時間で多くの反響が得られました。多くの教師が同じ質問を自分の生徒に尋ね、一年を通して、生徒にとっての課題が何かについて年度の終わりに知ることになったのです[2]。

「私が三歳のときにメキシコに帰らされてしまって、その後、六年も会っていないパパにどれだけ会いたいと思っているかについて、先生が知ってくれていたらいいのに」

「先生が、放課後に私が参加しているクラブチームと宿題をすることの間でバランスを取るのが大変なことを知ってくれていたらいいのに」

「先生が、私の家には鉛筆がないことを知ってくれていたらいいのに」

このアイディアに対して寄せられた多くの反応によって、通常集めている生徒に関する情報とはかなり違っていることがはっきりとしました。私たちは丁寧に生徒の学びを観察

（1）二〇一六年、彼女は京都でテッド・トークを行っています。https://www.youtube.com/watch?v=8pcKbf_vpHg　また、『I Wish My Teacher Knew』という本も書いています。

（2）アメリカでは、春が年度の終わりです。

し、最適となる指導方法を選んでいますが、実際には、より多くのデータを集め、整理し、分析する必要があるということです。たとえば、生徒の家庭での過ごし方や好き嫌い、そして学びの嗜好などです。これらが非常に重要になってくるのです。

ハック――多様な視点から生徒のデータを集める

多くの教師は、年度初めにアンケートなどを取って、できるだけ早く生徒のことを知ろうと努力しています。問題となるのは、多くの教師がこのアンケートを一度しか読まず、すぐにファイルに綴じてしまうことです。もちろん、あとからアンケートを見直すつもりなのかもしれませんが、多くの場合、その機会は訪れません。教師は毎日のコミュニケーションから信頼関係を築くことが多いため、一部の生徒のことは非常によく知り得ますが、目立たない生徒は後ろへと追いやられてしまいます。

「三六〇度の生徒情報」は、教師が集めた「その他」のデータを保存し、アクセスできるものです。これによって、生徒一人ひとりを三六〇度の方向から見ることができるようになります。これは一つの表に整理され、忘れがちになってしまう情報を一目で思い出させてくれます。多くの教師が生徒の誕生日を記録していますが、これは、誕生日の一覧表をより強化したものであると考えてください。**表10－1**として示したものは、「三六〇度の生徒情報」の一例です。

「三六〇度の生徒情報」は一枚の資料なので、教師はアンケートが全部綴じられたファイルを見るよりも簡単に情報を確認することができます。このような形でまとめておくことで、どの生徒について教師がより情報を必要としているのかが一目瞭然となります。

表10－1では、以下のようなカテゴリーの生徒情報をまとめています。

情熱——生徒が本当に興味のあることは何でしょうか？　趣味や集めているもの、情熱を注いでいるものについて記録を取っておくことは、生徒とよい関係性を築くために役立ちます。このような情報は、読書の時間などにどのような本をすすめるかと考えるときや、作文や探究のテーマについてアドバイスをするときに役立ち、算数・数学や歴史で学ばなければならない概念を、彼らが情熱を注いでいるものに置き換えることで理解が深まります。

家族構成——家庭環境は、生徒の学習に対して非常に大きな影響を与えます。ここには、一つの家に生徒が住み続けているのかや、離婚した両親の家を行き来しているかなどの情報も含まれます。また、何人と一緒に住んでいるのかを尋ねることも必要でしょう。

	学習状況	食事関係	健康状態	スキル	その他
	パーシー・ジャクソンが好き(注4) 筆記体が苦手	ピーナッツのM&M 生牡蠣！	ぜんそく 昨年腕を骨折	少しプログラミング	カリフォルニアのバークレーから引っ越してきた 犬が怖い
	昨年から算数が好きになる	バーベキュー メロンが嫌い スニッカーズ	左利き	オムレツとブラウニーをつくる	外に出るのが好き ジェットコースター好き
			蜂にアレルギー		昨年ホームスクーリング
	読書好き 大きな本を持っているのを見られたくない	桃 ぶどう さくらんぼ サワークリーム&オニオン味のチップス	たまに湿疹 コンタクトをし始めた	髪の編み込み 支援の必要な子に対して優しい	将来小児科腫瘍医になりたい

（注4）『パーシー・ジャクソンとオリンポスの神々』は全5部からなるファンタジー小説のシリーズです。

（注5） Ross Lynch（1995年～）アメリカを中心に俳優や歌手として活躍する人物です。

表10－1　４人の生徒についての多様なデータの例

名前	情熱	家族構成	課外活動	
アダムス、トビー	カージナルス(注1) マインクラフト(注2) スカイランダーズ(注3)	同居：母・父・弟ジョーダン（6）ベン（4）・猫（ムーシュー）	野球 チェス 絵画	
カーター、ジェイレン	マインクラフト 鮫 武術 ジャッキー・チェン	同居：母・妹カイラ（3）・犬（レギー）	テコンドー	
クリストファー、ティム		同居：母 ２週に一回週末に父のところへ行く。 異母弟ケニー（2）		
フォング、ジェニー	イヤリング（夏にピアスを開けた） ロス・リンチ(注5)	同居：母・父・姉ルーシー（15）・弟マイケル（7）	サッカー 体操 ステッカー収集	

（注１）　メジャーリーグの野球チームです。

（注２）　全世界で大人気のビデオゲームです。プログラミングの基礎も学べることから教育の分野でも注目が集まっています。2019年には世界でもっとも売れたゲームとなりました。

（注３）　アクションゲームのシリーズです。

さらに、家族に関するさまざまなことを含めてもよいでしょう。闘病中の家族がいるとか、収監されている人、障がいをもっている人、出張などで家を空けることが多い親がいる、または特殊な職業に就いていたり、特別な技能をもった人がいるかどうかも記録しておきましょう（母親がサーカスのパフォーマーであれば、記録しておくと何かのときに役立つかもしれません）。

課外活動――放課後、生徒の予定を埋めている課外活動を知ることに役立ちます。スポーツチームに加入しているでしょうか？　アルバイトをしているでしょうか？　一週間のうち特定の忙しい曜日や、一年間のなかで忙しくなる時期はあるでしょうか？　このような情報は、生徒がどのような人物であるかを知ることに役立つだけでなく、彼らの時間が何に使われているのかを教えてくれることになります。

学習状況――ここには、定期テストや業者テストでは把握できないような生徒のニーズや興味などを記録します。書くことに困難を抱えていたり、一人で作業することに強いこだわりをもっていたり、特定の教科に強い興味をもっていたり、あるタイプの活動で活躍できることなどです。これらは、個別指導をするときに役立つでしょう。

食事関係――あなたはケータリング業者ではありませんが、生徒の好きなお菓子を知っておいてもいいでしょう。ここには、食物アレルギーも含めます。これらの情報は学校に提出された資料に記載されているかもしれませんが、ここにも含めておくと便利です。

健康状態――学校に提出を求める公式資料に書かれているものに加えて、知っておくべき些細なことを書いておきます。頻繁にトイレに行くことがあることや、風邪を引きやすいなどです。

スキル――生徒たちは、尋ねなければ分からない多様な才能やスキルをもっています。それらを見つけたときに記録します。バイオリンのレッスンを何年も受けている生徒がいたら、それを書き込みましょう。酪農について詳しい生徒がいますか？　折り紙について？　写真について？　すべてここに記録しましょう。

これらのスキルについて知ることは、生徒をより良く知ることになるだけでなく、教師が助けを必要とするときや、専門知識が少ない分野の情報を提供してもらうときに役立ちます。

(3)　顧客の指定する所に出向いて、食事を配膳・提供するサービス業のことです。

その他——とくに必要がないように思えますが、分類不可能な情報を記録するためのスペースをつくることは重要です。大きな音に敏感であることや、宗教的な慣習、生徒のこれまでの経歴について（たとえば、中国に住んでいたというようなこと）も記録するとよいでしょう。言ってみれば、ほかのカテゴリーにうまく収まらないようなことです。これらも大切な情報を提供してくれますが、あくまでも参考です。教師が生徒のことをより良く知るために必要だと考える情報を集め、生徒の全体像を知り、より良い関係を築いていくことが重要です。

あなたが明日にでもできること

「三六〇度の生徒情報」は、年間を通して使い続けることで有効に活用することができます。以下のようなステップを踏むことで、一年のうち、どの時期でも、とても有効なものであると感じることができるはずです。

データを集める——生徒に、いくつかの質問（三つか四つ程度）についての答えを書いてもらいます。これまでに尋ねたことがないような質問をします。前述したリストを参考に、生徒について知りたいことを尋ねましょう。

表をつくる——マイクロソフトのワードやエクセル、グーグルのドキュメントやスプレッドシートを使ったり、または紙に書いたりして簡単な表をつくります。情報が一つにまとめられて、使いやすければどんな方法でもかまいません。

データを活用する——その後の数日間を使って、最低でも一つの情報を使ってすべての生徒と会話をするようにします。生徒との会話で使用した情報は、ペンなどでマークをしていくとよいでしょう。これらの情報は生徒から出されたものですが、ほとんどの生徒は、あなたが覚えていたことに驚くはずです。

完全実施に向けての青写真

ステップ1　一覧表をつくる

アンケートをつくって生徒の情報を集めます。年度初めに行うことが理想ですが、いつ行っても遅すぎるということはありません。前述したような情報を盛り込みましょう。小学校低学年の生徒には、持ち帰らせて保護者に書いてもらうようにします。

ステップ2 データを入力する

このステップは、教師が通常していることとはかなり違います。通常は、アンケートを取り、読み、ファイルしておくだけです。それに対して、データとして一つの表にまとめれば、一目ですべての生徒の情報が見られるようになります。

ステップ3 データを注意深く読む

表を作成したら少しの時間を取り、すぐにそれぞれの生徒の情報を注意深く読んでみることをおすすめします。注目すべき情報には印を付けて、一年を通して生徒とかかわっていく際、どのようにその情報が活用できるかを考えます。

また、情報量にも注目します。ある生徒のある項目についてあまり情報のない部分があった場合は、それこそがその生徒について知るべき項目となります。生徒が特定の質問に対して答えを書かない場合は、その項目についての興味がなかったり、答えることに積極的になれないという事情があるのかもしれません。どのように考えているのかについて、時間をかけて知るようにしましょう。

ステップ4　データを週の指導計画に使う

「三六〇度の生徒情報」は、使わなければ意味がないものです。もっともよい方法は、週の計画を立てるときに使うことです。時折、授業の構成にも影響を与えます。どのように単元をはじめるかについて悩んだとき、生徒の興味を思い出すことで授業内容と生徒の興味を結びつけることができます。

そのほかにも、データは関係性を築くことに役立ちます。毎週「三六〇度の生徒情報」を見ることで、あなたがトラブルを抱えた生徒や、とりわけ静かにしていた生徒にどのような声かけをしたらいいのかが分かってきます。「新しい子犬は元気にしているか？」、「ロッシュ・ハッシャーナー（ユダヤ暦の新年祭）は楽しみか？」、「マインクラフトで最近何をつくっているのか？」など、単純に生徒との関係をつくろうとするのではなく、何か具体的なきっかけを週の計画に盛り込むことで素晴らしい結果になります。

ステップ5　データを集め続ける

生徒について何を知りたいと思うかは、年度の初めから終わりまで変わり続けることでしょう。

なので、データを集め続けましょう。もし、去年の夏に家族でパリに行ったということを生徒が言っていたら、授業の終わりに出口チケット[4]を使って家族で行った場所を書いてもらい、その情報を「三六〇度の生徒情報」に書き加えましょう。

また、生徒が叔母や従兄弟と一緒に住むようになったと話しているのを聞いたら、それを記録しましょう。このことが生徒の家庭環境を大きく変え、学習のパフォーマンスに影響を与える可能性があるからです。

課題を乗り越える

課題1　全部のデータを入力する時間がありません

情報収集を、電子データで行うことを考えてみましょう。グーグル・フォームを使うことで、生徒の回答は自動的にグーグル・スプレッドシートへ集められます。しかも、これらは無料で使うことができます。このように考えると、年間を通して、新しい情報をスプレッドシートへ入力するほうがいいかもしれません。

課題2　たくさんの生徒を受け持っています／生徒とかかわるのは特定の少ない時間しかありません／オンラインで教えています

いずれの場合でも、体系だった方法で生徒について知ることは一年を通して一つのクラスを受け持ち、少人数がゆえに生徒のことが簡単に知れるようなときよりもはるかに重要です。いかなる状況であっても、一人の人として生徒を知れば知るほどより良く教えられるようになります。

課題3　情報には、プライバシーにかかわるものもあります。もし、ほかの生徒が見てしまったら？

集めた多くのデータは当たり障りのないものですが（ジョニーがM&Mのピーナッツが好きだということはプライバシーにかかわることでしょうか？）、確かに項目のなかにはプライバシーにかかわってくるものもあります。「三六〇度の生徒情報」は、「取り扱い注意」とされているほかの書類と同じように扱いましょう。

机やコンピューターの上で開けっ放しにしていたり、ほかの教師とすべてを共有しないように

（4）　形成的評価の一つの方法で、授業の最後に二〜三分で振り返りを書いてもらう小さな紙（A４版の八分の一ぐらい）のことです。小さいことがとても大事です。

し、家族に対しても話さないようにしましょう。ただし、児童虐待やネグレクトのようなことに関しては、法律上報告する必要があることを覚えておいてください。これらの場合は、カウンセラーや管理職と情報を共有することが必要不可欠となります。

課題4　以前試してみましたが、うまくいきませんでした

もし、すでにこのような生徒情報を一つのドキュメントにまとめているのであれば、それは素晴らしいことです。ただし、本当の重要性に気づけていない場合は、その情報がもっている力を使いきれていないことになります。

定期的に見ていますか？　生徒ごとの情報量に差があることに気づいたとき、その生徒に注目して、より知ろうとしていますか？　生徒のことをより良く知ることができる、異なるタイプの質問を加えることができていますか？　年間を通して更新していますか？

ハックが実際に行われている事例

ニュージャージー州ウェストミルフォードのアプシャワ小学校に勤務する特別支援の教師であ

るリサ・トレモンテ先生は、「三六〇度の生徒情報」を二〇一四年の秋から使いはじめました。生徒にアンケートを取ったあと、彼らの回答を表にまとめ、そのシートをバインダーの表紙に貼って、一年を通していつでも新しい情報が加えられるようにしています。

「さっと目を通すだけで、生徒に関して極めて重要な情報を豊富に見ることができます。廊下で会ったときや、休憩時間や昼休み、そして、放課後の活動などについて話すために使っています」と、彼女は言っています。

「三六〇度の生徒情報」は、作文の課題でテーマが見つからない生徒にアイディアを与えるといった学習のためにも使うことができますが、生徒が気にかけてもらえていると感じることがより重要なのです。

「生徒たちが行っているスポーツや、応援しているチームについて、ペット、兄弟、熱中していることなどについて、具体的に話すことができるようになります」と、トレモンテ先生は言います。

「このように話すとき、彼らの顔がすべてを物語っています。彼らは、話を聞いてもらえている／気にかけてもらえていると感じ、自分自身が大切な存在だと感じるようになるのです。『三六〇度の生徒情報』は、すべての生徒が愛されていると感じ、安心し、いつも教室を家のように感じることができるツールとなっています[5]」

教育に特効薬はありませんが、生徒とよい関係性を築くことがそれに近いものと言えます[6]。クラス運営の課題を減らし、生徒に学ぶ意欲を与え、教師が一人ひとりを活かす教え方をより効果的にすることができれば、誰にとっても学校を居心地のよい場所にすることができます。このような関係性をつくることで、生徒にとっても教師にとってもよい効果が生まれるのです。

（5）この生徒がもっている情報や考え・思いを学校のカフェテリアづくりに応用した事例が『「おさるのジョージ（*Curious George*）」を教室で実現』で紹介されていますの参照ください。

（6）これを実現する具体的な方法は、『ようこそ、一人ひとりをいかす教室へ』を参照ください。生徒のことについて、これだけ知ってしまったら、全員をあたかも「平均」として扱うことなどできるはずがありません！　http://projectbetterschool.blogspot.com/2020/04/blog-post_19.html

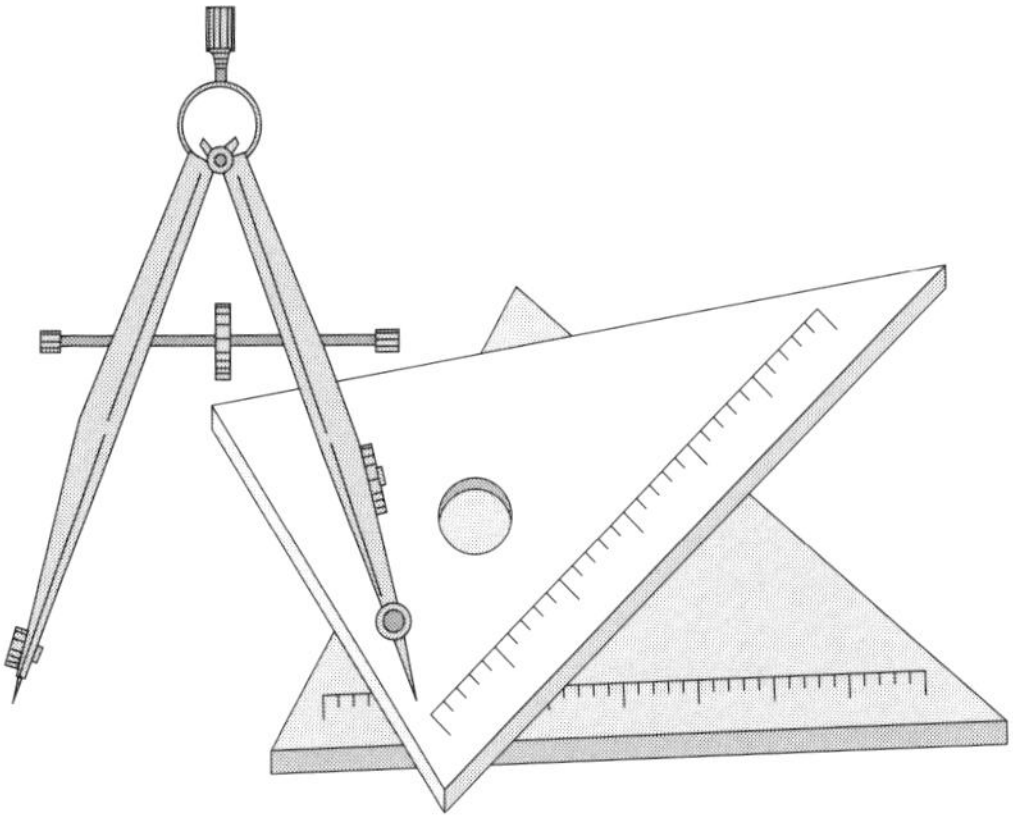

おわりに

学びをハックする――次は何か？

最適な解はシンプルなものが多いが、予想できない。

（ジュリアン・カサブランカス）*

（*）（Julian Fernando Casablancas, 1978～）アメリカのロックバンド「ザ・ストロークス」のヴォーカルで、ソングライティングの中心となっている人物です。

図書コーナー（ハック8）、メンター・チーム（ハック6）、静寂エリア（ハック3）、オープンクラス・チャート（ハック2）、これらは学校の課題を解決するための重要な工夫です。教師は、貧困や飢餓をなくすことができないと認めなければならないことはもちろん、標準化テストさえも止めることができません（何とかしようとはしていますが）。しかし、私たちが行おうとしていることは、とてもシンプルなものであるということだけは明白です。

「プロローグ」で述べたとおり、紹介した多くのハックは、すでに誰かが、もしくはあなたが試そうとしていることにひと工夫を加えたものです。そして、その多くが、教師や管理職にとってはすでに利用しているものを有効活用しただけとなっています。明日からでもはじめられ、時間をかけて段階を踏むだけで、特別なスキルや研修を受けることもなく完全な形で実施することができます。

これらに対しては、特別に行われている研修や財政面での支援がありません。ハックを実施する人として、学校が抱える問題を違う視点から眺め、多くの人が見落としている点を見えるようにしただけなのです。誰かが、もしくは何かが私たちのアイディアを邪魔するかもしれないということは一切気にせず、私たちは「もし～だったら」という問いを投げかけ、これまで続けてきました。

日本では、すでに『成績をハックする』、『宿題をハックする』、『教科書をハックする』、『子育てのストレスを減らす10の「魔法のことば」――子育てをハックする』が翻訳出版されていますが、そのほかにも多くのハック・シリーズが計画されています。教員研修と教師教育、生徒指導、学校のなかの読む文化、学校図書館、発問と質問、静かな（発言しない）生徒への対応、挫折ポイント（学ぶ努力をやめてしまうということへの対応）などのテーマを予定しています。しかし、あなたはそれらの刊行を待つ必要がありません。

あなたは、すでに「ハックをする人」になっていることと思います。本書で紹介した一〇個のハックによって、あなたはどのようにしたらすでにあるものを活用することができるかについて理解しているのではないでしょうか。すでにあなたは、本書で扱っていない問題についても、「ハックする人」のものの見方をすれば解決可能であると思いはじめていることでしょう。

何か新しいことに挑戦してみてください。

伊藤通子ほか訳、北大路書房、2007年
・トムリンソン、C・A『ようこそ、一人ひとりをいかす教室へ』山崎敬人ほか訳、北大路書房、2017年
・ピアス、チャールズ『だれもが〈科学者〉になれる』門倉正美ほか訳、新評論、2020年
・フィッシャー、ダグラスほか『「学びの責任」は誰にあるのか』吉田新一郎訳、新評論、2017年
・ブース、デイヴィッド『私にも言いたいことがあります！（仮題）』飯村寧史ほか訳、新評論、2021年予定
・プロジェクト・ワークショップ編『作家の時間（増補版）』新評論、2018年
・プロジェクト・ワークショップ編『読書家の時間【実践編】』新評論、2014年
・ホルズワイス、クリスティーナほか『学校図書館をハックする（仮題）』松田ユリ子ほか訳、新評論、2021年予定
・モーラン、キンバリー『子育てのストレスを減らす10の「魔法のことば」――子育てをハックする』阿部良子ほか訳、新評論、2020年
・吉田新一郎『「学び」で組織は成長する』光文社新書、2006年
・吉田新一郎『読書がさらに楽しくなるブッククラブ（改訂増補版）』新評論、2019年
・吉田新一郎ほか『シンプルな方法で学校は変わる』みくに出版、2019年
・ラッシ、マーサ『退屈な授業をぶっ飛ばせ！』長崎政浩ほか訳、新評論、2020年
・レント、リリア『教科書をハックする』白鳥信義ほか訳、新評論、2020年

訳注などで紹介した本の一覧

・アットウェル、ナンシー『イン・ザ・ミドル』小坂敦子ほか訳、三省堂、2018年
・アラビト、クリスィー『静かな子たち（仮題）』古賀洋一ほか訳、新評論、2021年予定
・ウィギンズ、アレキシス『最高の授業』吉田新一郎訳、新評論、2018年
・オストロフ、ウェンディ『「おさるのジョージ（Curious George）」を教室で実現』池田匡史ほか訳、新評論、2020年
・オーダン、リックリ『パーシー・ジャクソンとオリンポスの神々』（全11巻）金原瑞人ほか訳、静山社ペガサス文庫、2018年
・カルキンズ、ルーシー『リーディング・ワークショップ』吉田新一郎ほか訳、新評論、2010年
・サックシュタイン、スター『成績をハックする』高瀬裕人ほか訳、新評論、2018年
・サックシュタイン、スターほか『宿題をハックする』高瀬裕人ほか訳、新評論、2019年
・サックシュタイン、スター『ピア・フィードバック（仮題）』山本佐江ほか訳、新評論、2021年予定
・ズウェイス、ジェフ『「学習会話」を育てる（仮題）』北川雅浩ほか訳、新評論、2021年予定
・スペンサー、ジョンほか『あなたの授業が子どもと世界を変える』吉田新一郎訳、新評論、2020年
・ダーソン、ジェラード『読むことをハックする（仮題）』山本隆春・中井悠加ほか訳、新評論、2021年予定
・デシ、エドワードほか『人を伸ばす力』桜井茂男訳、新曜社、1999年
・トープ、リンダほか『PBL――学びの可能性をひらく授業づくり』

訳者紹介

小岩井僚（こいわい・りょう）

県立高校国語科教員。自身が受けてきた国語科教育に疑問を持ち、大学卒業後はアメリカの大学院へ進学。自身が学び続けることで、既存の考えにとらわれずに「話すこと・書くこと・読むこと」を通して生徒と教師がともに学び続けられる時間を作ることを目標にしている。

吉田新一郎（よしだ・しんいちろう）

この本で紹介されている10個のハックは、ほぼそのまま日本でも使えるものばかりです。そして、日本の学校には他にもハック（改善）を要する課題がたくさんあります。この本のアプローチを参考にして、それらに自ら取り組んでいただくか、協力が必要な場合はpro.workshop@gmail.com宛にその課題をお知らせください。

「学校」をハックする
——大変な教師の仕事を変える10の方法——

2020年11月25日　初版第1刷発行

訳 者　小 岩 井　僚
　　　　吉 田 新 一 郎

発行者　武　市　一　幸

発行所　株式会社　新　評　論

〒169-0051
東京都新宿区西早稲田3-16-28
http://www.shinhyoron.co.jp

電話　03(3202)7391
FAX　03(3202)5832
振替・00160-1-113487

落丁・乱丁はお取り替えします。
定価はカバーに表示してあります。

印刷　フォレスト
装丁　山 田 英 春
製本　中永製本所

Printed in Japan
ISBN978-4-7948-1166-0

新評論　好評既刊　　あたらしい教育を考える本

ジョン・メイソン＋ケイ・ステイスィー／吉田新一郎 訳

教科書では学べない数学的思考

「ウ～ン！」と「アハ！」から学ぶ

算数・数学ぎらいがこの1冊で解消！生活に密着した例題を楽しみながら解くうち、いつしかあなたも論理的思考の達人！

［四六並製　314頁　2400円　　ISBN978-4-7948-1117-2］

P.ロックハート／吉田新一郎 訳

算数・数学はアートだ！

ワクワクする問題を子どもたちに

キース・デブリン（スタンフォード大学）すいせん！　算数・数学の芸術性、表現の手法としての価値と魅力に気づかせてくれる名著！

［四六並製　１８８頁　1700円　　ISBN978-4-7948-1035-9］

チャールズ・ピアス／門倉正美・白鳥信義・山崎敬人・吉田新一郎 訳

だれもが〈科学者〉になれる！

探究力を育む理科の授業

決まった問いと答えを押しつける教育はもうやめよう！1年を通じてワクワクできる理科授業づくりの秘訣満載。

四六並製　320頁　2400円　　ISBN978-4-7948-1143-1

アレキシス・ウィギンズ／吉田新一郎 訳

最高の授業

スパイダー討論が教室を変える

紙と鉛筆さえあれば今日から始められる！探究・問いかけ・対話を図示して教室の学びを深める、シンプルかつ画期的な授業法。

［四六並製　360頁　2500円　　ISBN978-4-7948-1093-9］

ダン・ロススタイン＋ルース・サンタナ／吉田新一郎 訳

たった一つを変えるだけ

クラスも教師も自立する「質問づくり」

質問をすることは、人間がもっている最も重要な知的ツール。大切な質問づくりのスキルが容易に身につけられる方法を紹介！

［四六並製　292頁　2400円　　ISBN978-4-7948-1016-8］

＊表示価格はすべて税抜本体価格です